ひかりのくに保育ポケット新書①

子どもがこっちを向く指導法

～日常の保育がうまくいく45のヒント～

元保育士、保育・子育てアドバイザー
原坂一郎／著

ひかりのくに

● はじめに ●

保育がどうもうまくいかない・・・。そういうとき、どんな保育の本を読んでも解決策はみつからないものです。遊びの本を読んで楽しい遊びがたくさんわかった、でもそれ以前に集まったり並んだりができない・・・。児童心理の本を読んで子どもの心はわかった。でも子どもは今日も静かに話が聞けない・・・。それで悩んでいるのですよね。私もそうでした。

でもあるとき、その原因は自分にあることに気づきました。変えるべきは子どもではなく自分だったのです。それ以来、私は子どもとの接し方、言葉のかけ方ひとつにも工夫を凝らすようになりました。

大成功でした。子どもたちはおもしろいほど私の言うことをきいてくれるようになったのです。ポイントは、させようとするのではなく、そうしたくなるように仕向ける、ということ。

この本では、私が23年間の保育所生活の中で実際に行ない、うまくいったもの、効果抜群のものばかりを集めてみました。私が編み出したのではありません。子どもたちが教えてくれたのです。難しいものはひとつもありません。ぜひやってみてください。

この本を読んで、もしもその通り行なっていただいたなら、必ず次のことが起こります。ひとつは、うまくいかなかった保育がいつの間にかうまくいくようになるということ。もうひとつは、子どもたちが先生のことをもっともっと大好きになるということ。そしてもうひとつ、それは、先生と子どもに今よりもたくさん笑顔が増えるということです。

みなさんの明日の保育に少しでもお役に立てるとうれしいです。

★本書の特長と使い方★

～日々の保育が「うまくいく」指導力が身につきます！～

特長1 日常の保育の中でよく起きる「困った」に、ズバリ解決策を示しています。

特長2 そうするだけで、どうしてうまくいくの!?
保育の本質に触れながら、思わず「納得!」の解説がついています。

特長3 イラストで、「保育の、その状況」を具体的にイメージしていただけるようになっています。

特長4 より「うまくいく」ためのワンポイントアドバイスが書かれています。

特長5 「これだけは言ってはいけません」という禁句です！
まず、これを言わないだけでも、子どもたちは変わりますよ。

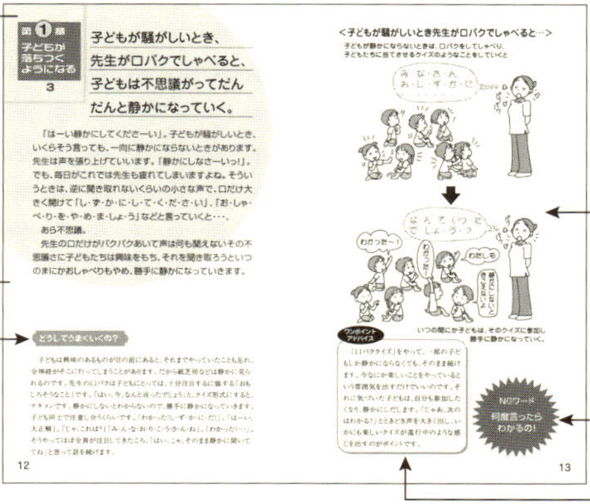
第1章 子どもが落ちつくようになる 3

子どもが騒がしいとき、先生が口パクでしゃべると、子どもは不思議がってだんだんと静かになっていく。

「はーい静かにしてくださーい」。子どもが騒がしいとき、いくらそう言っても、一向に静かにならないときがあります。先生は声を張り上げていいます。「静かにしなさーいっ!」。でも、毎日がこれでは先生も疲れてしまいますよね。そういうときは、逆に聞き取れないくらいの小さな声で、口だけ大きく開けて「し・ず・か・に・し・て・く・だ・さ・い」、「お・しゃ・べ・り・を・や・め・ま・しょ・う」などと言っていくと･･･、
あら不思議。
先生の口だけがパクパクあいて声は何も聞えないその不思議さに子どもたちは興味をもち、それを聞き取ろうといつのまにかおしゃべりもやめ、勝手に静かになっていきます。

どうしてうまくいくの？

子どもは興味のあるものが目の前にあると、それまでやっていたことも忘れ、全神経がそこに行ってしまうことがあります。だから紙芝居などは静かに見られるのです。先生の口パクは子どもにとっては、十分注目するに値する「おもしろそうなこと」です。「はい、今、なんと言ったでしょう」と、クイズ形式にすると、テキメンです。静かにしないとわからないので、勝手に静かになっていきます。子ども同士で注意し合うくらいです。「わかった!し・ず・か・に・だ!」。「はーい、大正解」。「じゃ、これは?」「み・ん・な・お・り・こ・う・さ・ん・ね」。「わかった!･･･」。そうやってほぼ全員が注目してきたころ、「はい、じゃ、そのまま静かに聞いててね」と言って話を続けます。

12

<子どもが騒がしいとき先生が口パクでしゃべると…>
子どもが静かにならないときは、口パクをしてしゃべり、子どもたちに当てさせるクイズのようなことをしていくと

み・な・さ・ん、お・し・ず・か・に
な・ん・て・い・っ・た・で・しょ・う・？
わかった～！
わかった！
わたしも
静かにしないと聞こえないよ

いつの間にか子どもは、そのクイズに参加し勝手に静かになっていく。

ワンポイントアドバイス
「口パククイズ」をやって、一部の子どもしか静かにならなくても、そのまま続けます。今なにか楽しいことをやっているという雰囲気を出すだけでいいのです。それに気づいた子どもは、自分も参加したくなり、静かにしだします。「じゃあ、次のはわかる?」とときどき声を大きく出し、いかにも楽しいクイズが進行中のような感じを出すのがポイントです。

NGワード
何度言ったらわかるの!

13

使い方

本書は「子どもが落ち着くようになる」「子どもが、いうことをよくきくようになる」「望ましい生活習慣が身につくようになる」と、大きく3つの章で構成されています。それらはまさに保育者の悩みトップ3です。基本的にはどこから読んでいただいてもよいでしょう。目次を見て、今まさに悩んでいる項目から読むのもOK。でも、読んだらまずやってみてください。「読む」→「実践する」を繰り返すうちに、いつの間にかおもしろいほど保育がうまくいくようになっているはずです。

ひかりのくに保育ポケット新書①

子どもがこっちを向く指導法

～日常の保育がうまくいく45のヒント～

CONTENTS

第2章 子どもが、言うことをよくきくようになる 51

第3章 望ましい生活習慣が身につくようになる 81

STUFF　本文レイアウト/プランニングオフィス エニー
本文イラスト/おかじ伸　企画・編集/安藤憲志・長田亜里沙

第1章

子どもが落ち着くようになる

子どもがそわそわして落ち着かない、
話しをしようにもこちらを向いてくれない…
そんなお悩みの解決策となるヒントは、
子どもの「小さな満足感」と「心の落ち着き」です。

第1章
子どもが落ち着くようになる

1

絵本や紙芝居を読む前に騒がしくなったときは、「静かにしないと読んであげない」ではなく、「静かになったら読みます」と言うと、静かになる

絵本や紙芝居を読むとき、子どもたちは集まっただけで騒がしくなります。そんなとき先生はついつい、「静かにならないと読んであげない」と言ってしまうことが多いようです。でも、そういうときは、逆の言い方にし、「静かになったら読むからね」と言うと・・・

あら不思議、

だれも叱っていないのに、みるみるうちにみんな静かになっていきます。

絵本や紙芝居を見るときは、子どもたちはお互い顔がくっつくくらいの距離に集まることになります。保育参観や授業参観での保護者を見てもわかるように、人は、すぐ近くに身近な人が来ると、自然にしゃべりだしてしまうものです。そういうことを理解しておくのも大切です。知っておくと、子どもを理解していくことにもつながっていきます。

どうしてうまくいくの?

大人は子どもに対して、「◎◎をしないなら、△△をしてあげない」という言い方をよくします。確かにそれで子どもは◎◎をするようになり、効き目があったかのように思われますが、それは指導でも教育でもなく単なる脅しです。

また、そういう言い方をする人を子どもは「いじわるな人」と思うところがあり、子どもとのいい関係作りにはむしろ逆効果になってしまいます。一方、「◎◎をしたら△△をしよう」という言い方なら、子どもは叱られたとは感じないどころか、むしろ励まされているように感じ、がんばって自ら◎◎をやりだすというわけです。同じ動かすなら気持ちよく動かしてやりたいものです。

<絵本や紙芝居を読む前に騒がしくなったときは…>

静かにならないと
読みません。
こういう言い方で叱っていると、子どもたちは叱られないとできない子に…
え〜…

静かになったら
読みまーす。
こう言うと、子どもたちは自分たちでがんばって静かにしようとしだす。
しー

ワンポイントアドバイス

「静かにならないから読まない」式のやり方を続けていると、「◎◎ちゃんのせいでしてもらえなかった」「違う、××君だよ」と、お互いを攻撃し合うようになっていきます。そういう言い方をよくする先生のクラスは、知らない間にクラスがバラバラになっていくこともあるので要注意です。

NGワード
静かにできない子は、見ないでください!

第1章
子どもが落ち着くようになる
2

紙芝居を読むときは、子どもたちが集まってから先生が50センチ後ろに下がるようにすると、全員よく見るようになり、混乱がかなり減る

紙芝居を読むときは、小さなトラブルがよく起こります。「見えなーい」と言う子もいれば、先生のまん前に陣取って見上げるようにして見て、かえって見えにくい子どもも。特に最前列はいつも押し合いへし合いのダンゴ状態で、ケンカもよく起こります。そういうときは、子どもたちが集まったあと、先生だけがその場から50センチほど後ろへ行くと・・・、

あら不思議。

どの席に座っている子どもも、あっという間にそこが特等席になって見やすくなり、みんな落ち着いて見ることができ、余計な混乱が減ってきます。

どうしてうまくいくの？

子どもが押し合いへし合いしていると、先生は子どもたちがなんとかよく見えるよう、「もっと後ろへ」「もっと横へ」「もっと前へ」など、とにかく子どもを動かして整えようとします。でも、それで余計にトラブルが増えたり騒々しくなったりすることが多いものです。保育の場面には、子どもを動かすのではなく、自分が少し動けばすむことが案外多くあります。

子どもを動かさなくてもカメラマンが一歩下がるだけでファインダーに全員が収まることもよくあるものです。

＜紙芝居を読むときは、とかく騒々しくなりやすい＞

あらら～
見えないよ～
首が痛い…

でも子どもたちが全員集まった時、
先生が50センチ後ろへ下がるだけで
すべてが解決することも…

よく見えるな～♪

あとで50センチ後ろへ下がることが
できるよう、先生はあらかじめその
空間を残して座りましょう。

ワンポイントアドバイス

紙芝居は、読み手が両手を45度に広げた間に子どもたち全員が入っているようにすると、どの子もよく見えていることになります。読み手の先生が50センチ下がるとちょうどその範囲に子どもが入ることになるわけです。

NGワード

こんなに前に来たら
見えないのは
当たり前でしょう!

第1章 子どもが落ち着くようになる 3

子どもが騒がしいとき、先生が口パクでしゃべると、子どもは不思議がってだんだんと静かになっていく

「はーい静かにしてくださーい」。子どもが騒がしいとき、いくらそう言っても、一向に静かにならないときがあります。先生は声を張り上げて言います。「静かにしなさーいっ!」。でも、毎日がこれでは先生も疲れてしまいますよね。そういうときは、逆に聞き取れないくらいの小さな声で、口だけ大きく開けて「し・ず・か・に・し・て・く・だ・さ・い」、「お・しゃ・べ・り・を・や・め・ま・しょ・う」などと言っていくと・・・、

あら不思議。

先生の口だけがパクパクあいて声は何も聞えないその不思議さに、子どもたちは興味をもち、それを聞き取ろうといつの間にかおしゃべりもやめ、勝手に静かになっていきます。

どうしてうまくいくの?

子どもは興味のあるものが目の前にあると、それまでやっていたことも忘れ、全神経がそこに行ってしまうことがあります。だから紙芝居などは静かに見られるのです。先生の口パクは子どもにとっては、十分注目するに値する「おもしろそうなこと」です。「はい、今、なんと言ったでしょう」と、クイズ形式にすると、テキメンです。静かにしないとわからないので、勝手に静かになっていきます。子ども同士で注意し合うくらいです。「わかった!　し・ず・か・に・だ!」。「はーい、大正解」。「じゃ、これは?」「み・ん・な・お・り・こ・う・さ・ん・ね」。「わかった!・・・」。そうやってほぼ全員が注目してきたころ、「はい、じゃ、そのまま静かに聞いててね」と言って話を続けます。

＜子どもが騒がしいとき先生が口パクでしゃべると…＞

子どもが静かにならないときは、口パクをして小声でしゃべり、
子どもたちに当てさせるクイズのようなことをしていくと…

み・な・さ・ん
お・し・ず・か・に
・・・・・・・
パクパク

な・ん・て・い・っ・た
で・しょ・う・？
パクパク
わかった〜！
わかった！
わたしも
静かにしないときこえないよ

いつの間にか子どもは、そのクイズに参加し
勝手に静かになっていく。

ワンポイントアドバイス

「口パククイズ」をやって、一部の子どもしか静かにならなくても、そのまま続けます。今なにか楽しいことをやっているという雰囲気を出すだけでいいのです。それに気づいた子どもは、自分も参加したくなり、静かにしだします。「じゃあ、次のはわかる？」とときどき声を大きく出し、いかにも楽しいクイズが進行中のような感じを出すのがポイントです。

NGワード
「静かにしなさい」と何度言ったらわかるの！

第1章
子どもが落ち着くようになる
4

子どもが騒がしいとき、突然手に人形を持って話をすると、あっという間に静かになる

「お話をやめましょう」

「はーいこっち向いてえ」・・・。

いくら言っても言うことをきいてくれない子どもたち。いつまでもしゃべっています。

そんなときは、先生が突然何か人形を持ち、人形と話をしている感じで話を進めると・・・、

あら不思議。

何も言わなくても子どもたちはあっという間にこちらに注目し、静かになっていきます。

どうしてうまくいくの?

子どもは興味のあるものが目の前に現れると、瞬間にそっちに心がとらわれてしまう習性があります。隣の友達とのおしゃべりがどんなに楽しくても、人形を見たとたん、心はあっという間に先生の方に向いてしまうというわけです。先生はこのとき、特に腹話術をする必要はなく(できる先生は別ですが)、持った人形に話しかけ、人形はうなづいたり首を振ったりという簡単なやりとりで十分です。また集中させるのが目的ですからそのやりとりはごく短くてもよく、子どもたちがいったん集中したなら、そのあとそのまま話を続けるといいでしょう。

＜子どもが騒がしいときは…＞

集いのはじめは、とかく子どもも騒がしい。

はーい！
こっち向いてー！
あら～
だめだわ

突然人形を手にするだけで、先生と人形のやりとり聞きたさに、あっという間に静かになります。

こんにちはー♪
ピョンコちゃん

ワンポイントアドバイス

　手元に適当な人形がないときは、目や口や耳だけをかいたような封筒に手を入れて動かすだけで、インスタント人形が出来上がります。サイドに穴をあけ、そこから親指と小指を出すと、かわいい動きが出せます。

NGワード
いつまでしゃべっているの！

第1章 子どもが落ち着くようになる

5

子どもを集めて話をするときは、円になって全員いすに座らせると、子どもはとても落ち着いて話が聞けるようになる

子どもたちを集め、子どもに向かって話をしようと思っても、すぐに騒がしくなるのが子どもたち。なかなか静かに聞けません。

特にクラス全体が落ち着かない4月は、子どもたちを集合させるだけでも大変。その中で静かに聞いてもらうなんて至難のワザ?です。でも全員が円になっていすに座るだけで…、

あら不思議。

子どもたちはとっても落ち着き、先生の話や友達のお話もとても集中して聞くことができるのです。

どうしてうまくいくの?

円になると、お互いの顔がよく見えます。それがいいのです。スポーツなどの作戦会議でもすぐに円陣を組むように、お互いの顔が見えると人は安心感、一体感を感じ、心が落ち着くようです。円になって先生が、何か子どもが笑うような話をしたときには、子どもたちは必ず友達の顔を見ながら笑います。子どもをロッカーの前に座らせたり、紙芝居を見るときのような隊形で話をしたときとでは、笑いや笑顔がうんと増え、雰囲気もとてもいいものになっていきます。

＜子どもを集めて話をするときは…＞

なんか騒々しいわ～

いすに座ると体が落ちつき心も落ち着く。
すごい集中力！
子どもたちはお互いの顔が見えると安心し、楽しくもなる。
先生の隣の席は、毎日取り合いになるので日替わりで決める。

ワンポイントアドバイス

可能ならビニールテープなどで円形に線をはっておくといいでしょう。クラス内に円がひとつあると保育のさまざまな場面でいろいろ役に立ちます。

NGワード
静かにできない子は、○○へ行ってもらいますよ！

第1章
子どもが落ち着くようになる
6

大勢の子どもに向かって話すとき、子どもたちに何か質問をすればするほど子どもたちは騒がしくなる

遠足バスなどで、ガイドさんの話を静かに聞いていたかと思うと突然騒がしくなったり、実習生の話を、子どもたちが静かに聞いていたかと思うと、すぐに騒々しくなったりすることがあります。実はそのとき、ある共通点があるのです。

それは、子どもたちにやたら質問をしているということ。子どもは質問をされるとそれをきっかけにとても騒がしくなるのです。子どもたちの前で話をするときは、単なるつなぎのような意味のない質問はできるだけ控えるようにすると・・・、

あら不思議。

それだけで、ずいぶん落ちついた感じになります。

どうしてうまくいくの？

「きょうは何を食べてきましたかあ?」「きのうお家の人とどこかへ行きましたかあ?」。聞かれたのだから子どもは答えます。30人に聞くと30人が同時に答えます。騒がしくなるのは当たり前なのです。もしもひと言で答えてくれたならばその騒々しさも瞬時で終わりますが、子どもは「ぼくねぇ」と、文章のように話し出してしまいます。各地で「会話」が始まってしまうのです。

だから質問したら最後、子どもはいつまでも騒がしくなります。そのきっかけ作ったのは先生なのに、それを叱るのもかわいそうな話です。騒がしくなってもそれを受け入れ、そのあと叱らずに再び静かにさせることができるのならともかく、そうでないときは、騒がしさを引き起こすだけの、単なる話のつなぎでしかないような「質問は控え目に」が得策です。

<大勢の子どもに向かって話すときは…>

みんなー！夏休みは、おうちの人と どこへいったのかなぁ？
先生ー！ぼくは ウルトラマン ショーに行って…
それから…
ディズニーランドへ 行ってね……
ぼくも 行ったー
あのね～
ワタシは 海で……
おばあちゃん のおうちでさぁ
わたしは ……

先生がちょっとした質問をするだけで、子どもたちがすぐに騒がしくなるのは、それであちこちで「会話」が始まり、そのまま弾んでしまうから…

今日は夏休みにおうちの人と いっしょに遊んだことを 絵にかいて………

静かに話が聞けているときは、全員に向かっての質問を少なくすると、いたずらに騒がしくさせないですむようになる。

ワンポイントアドバイス

質問をして騒がしくなったときは、「では一人ずつ言ってもらいましょう」と言って、一人ずつに発表してもらうと子どもは喜びます。そうすることで他の子どもたちにも人の話を聞く態度が養われていきます。

NGワード

あらら、どうして騒がしくなるの！

何か珍しいものを子どもたちに見せたいとき、子どもたちを見に来させるのではなく、先生が子どもの方へ行き、ゆっくり見せて回っていくと、全員とても落ち着いて見る

「はーい、○○くんがカエルを持ってきてくれましたー」。クラスに何か珍しいものがやってきて、それを子どもたちに見せようとすると、必ず大混乱します。そのまわりに勝手に大勢が集まり、やがて押し合いへし合い状態に。「見えない見えない!」「押さないでー!」小さなトラブルが必ず起こります。そういうときは、子どもを見に来させるのではなく、先生が子どものところへ行き、その前をゆっくりと移動しながら見せていくと・・・、

あら不思議。

何ひとつ混乱が起こらないばかりか、子どもたちもよく見ることができて全員大満足です。

どうして うまくいくの？

珍しいものが目の前にあると、子どもはどうしても見たくなります。だから我先にとそのまわりに群がってしまうのです。でも、決して何分も見たいのではありません。ちょっとだけ、そして近くでよく見たいだけなのです。もし先生が自分の目の前に持ってきてくれるなら願ってもないこと。よく見えるし、慌てる必要もなくなる、というわけです。先生はそれを持って、座っている子どもの前を時計の秒針よりもゆっくりと移動しながら見せていきます。どんなにゆっくり移動しても1分もあれば全員に見せ終わります。子どもはそれが通り過ぎるまで見られるので一人当たり5秒くらいは見られます。5秒は十分満足できる時間です。愛・地球博の冷凍マンモスは、客がベルトコンベアに乗せられるため、一人5秒くらいしか見られませんでしたが、十分ゆっくり見られた印象が残っています。

<先生が何か珍しいものを見せようとすると…>

子どもたちはすぐにこんな状態になる

はーい、カエルさんがここにいま…
アララ、押さないで～！！
みせろー！
押すなよ!!
どこどこ～っ？
むぎゅっ！
見えない…

先生が子どもたちの座っているところへ行き、1人ずつによく見えるように、ゆーっくりと移動すると、全員がとても落ちついて見るようになる。

よく見えた♪
うわーっ
ネ!

秒速10cmくらいでゆーっくりと移動する。（それでも全員終わるまで1分もかからない）

ワンポイントアドバイス

目の前をゆっくり通り過ぎるまでの5秒ほどの間に、子どもたちは触る、覗き込む、などいろんなことをしますが、すべてOKにしてあげることがポイントです。それらができたことで、そのたった5秒が大満足の5秒になるのです。

NGワード
そんなに押し合うなら、もう見せません！

8

子どもを順番に並ばせるときは、最後の方に並んだ子どもをいつもほめていると、だんだんと先を争わないクラスになっていく

「はい、◎◎を配りますから並んでくださーい」。その言葉で、子どもたちが次々と並んでくれるのはいいけれど、自分が一番になりたくって、先頭の方はいつもダンゴ状態、ということはありませんか。そのため子どもを並ばせるたびにケンカが起こったり騒々しくなったり・・・。

そういうときは、最後の方に並んだ子どもをいつもほめる習慣をつけておくと・・・、

あら不思議。

並ぶたびごとに先を争うようなことがだんだんと減っていき、落ち着きさえ感じられるクラスになっていきます。

どうしてうまくいくの？

子どもたちが並ぶときに一番になりたがるのは、ちょっとした優越感を味わいたいことと、誰よりも先にいい思いをしたいから。逆に後ろの方に並んでしまうと、いいことなんか何も起こらない（むしろ損をする）ということを経験的に知っているからです。後ろに並んだ子どもをほめていくと、ほめられた子どもはうれしく、先頭の子どもはそれをうらやましくさえ思うようになり、クラスの中に、最後になってしまうのもまんざらでもないな、と思うような空気が漂います。すると徐々に、子どもたちは並ぶ順番にこだわらなくなり、トラブルも減り、しだいに並ぶことが上手なクラスになっていく、というわけです。

<子どもを順番に並ばせるときは…>

おそとにいきますよー
並びましょうー！
わあ〜
はーい！
最後になったけど
ちゃんと順番に
並べたね♪
えらい！
あ〜〜〜〜〜〜〜〜っ……

先頭の方は自分が
一番になろうと、
ケンカやトラブルが
起こりやすい。

最後の方に並んだ子どもをほめておくと、
子どもたちは後ろの方に並ぶことが、
魅力的に思うようになる。

ワンポイントアドバイス

後ろの子どもをほめると言っても、「集まれ〜」の言葉を全然聞いていなくて遅くなった、など、子どもの勝手で最後になってしまったというようなときは、ほめてはいけません。あくまで、ちゃんと集合したのだけれども最後になってしまった、というときだけです。そのほめ言葉も、「偉いね」などではなく、「最後になっちゃたけどきちんと並べたね」という風に、それをねぎらうような言葉がいいようです。先頭さんに聞こえるように言うのもポイントです。

NGワード
並べない子には配りません!

子どもを2列に並ばせるときは、列の間隔をやや広めに取ると、整然と並ぶようになる

「はーい、お散歩に出かけるから2列に並びましょう」
「わーい!」
でも、子どもというのはとかく集合するたびに大騒ぎになり、先生たちは並ばせるどころか、子どもたちを静かにさせることに大忙しになりがちです。列も2列どころか、列も何もわからないダンゴ状態に。
ところが、2列に並ぶその間隔をやや広めにするだけで・・・、
あら不思議。
お友達とのおしゃべりも減り、子どもたちはウソのようにすっきり並ぶようになります。

どうしてうまくいくの?

運動会などの保護者競技で2列に並んでもらったときも、実は同じことが起こります。人間は、仲のいい人がくっつくほど近くに来ると、すぐにおしゃべりしてしまうものなのです。2列に並ばせるときは、肩同士がくっつくほど狭い間隔で並ばせようとすることが多く、これでは、しゃべるなと言う方が無理な話です。
並ぶ間隔を1メートルくらい開けるようにすると、少なくとも真横には誰もいない状態になり、おしゃべりの機会が失なわれ、また、列もそれだけ離れていればダンゴになりようがなく、見た目にも整然と並んでいるように見える、というわけです。並ぶことができたなら、その2列をくっつけたり手をつながせたりすればいいでしょう。

＜子どもを2列に並ばせるときは…＞

ハーイ
2列に
並んでー
だめだ
コリャ。

と言っても子どもは並ぶどころか、騒がしくなるだけで、列もダンゴ状態に…

先生が「前へならえ」の手つきをすると、そこに子どもが集まり、余計にダンゴ状態に。

ハーイ
ここに2列に
並びましょう
カンペキ♪

その間隔を少しあけるだけで、おしゃべりも減り、列もきっちり2列に…。

先生は、手を45度に広げ、そこに先頭さんが来るようにするとよい。

ワンポイントアドバイス

子どもを並ばせるとき、先生が子どもの方を向いて「前にならえ」のポーズをとってしまうと、子どもはその狭い間隔で並んでしまいます。手を「前にならえ」ではなく、左右に45度に開く感じにすると、2列がちょうどよい間隔になります。

NGワード

並べないのだったら、もういきません！

手をつないでひとつの円を作りたいとき、集まらない子どもがいても、集まった子どもだけで小さな円を作ると、他の子も自然に参加し、やがて大きな円ができる

「かごめかごめ」や「あぶくたった」をするために、子どもたちみんなで手をつないでひとつの大きな円を作りたいときが保育の中では結構多くあります。でも、そのとき苦労するのは、子どもたちがなかなか円になってくれないこと。円を作るために集まってもらうだけでもひと苦労のクラスも多いものです。

そんなときは、集まった子どもだけでとりあえず小さな円を作り、そのままくるくる回ったりして遊びはじめると・・・、

あら不思議。

他の子どもは呼ばなくても集まり、自分からその円に入ろうとし、いつの間にかひとつの大きな円になっていきます。

どうしてうまくいくの？

子どもは、人が（友達が）楽しそうに遊んでいると、自分も仲間に入りいっしょに遊びたくなります。その心理を利用するわけです。「さあ、みんなで手をつないで輪になりましょう」という言葉は、単なる指示言葉です。子どもはそこに楽しさの匂いを感じないとなかなか動こうとしないのです。もちろんその言葉で動いてくれる子どももいます。その子どもたちのためにも、集まった子どもだけで、手早く円を作り、適当に♪まーわれまわれ♪などと言いながら回って遊んでいくと、他の子どもはそれがとても楽しそうに見え、自分も参加したくなり、思わずその円の中に入っていくというわけです。入りたそうな気配を見せた子どもから、さりげなく入れていくと、いつの間にかひとつの大きな円が出来上がります。そのあと、意図する遊びに移ればよいでしょう。

<手をつないでひとつの円を作りたいとき、…>

手をつないで円を作るように呼びかけても、さっとできない子どもたちに、先生は大忙し。

みんな～まるく円になりましょう
ハイ、手と手をつないで……ホラホラ～はやく！

まーわろ♪　まわろ♪
まってよ～
ボクも入れて入れて

円になろうと集まった子どもだけで、とりあえず小さな円を作って、楽しそうに遊びだすと、他の子も集まってきて、いつの間にかひとつの大きな円に…。

ワンポイントアドバイス

円を作ったときは、先生と手をつなぐのがみんなのあこがれ。呼んだときには集まらず、あとから割り込む子どもほど厚かましく?先生の隣に行こうとします。先生は案外それに気づかず、いつの間にかその子どもと手をつないでいたりします。でも、そのプレミアポジションは、最初に集まった素直(!)な子どもの「優先席」にしてあげたいものです。

NGワード
丸くなれないのならやめようかな

11

食事前に騒々しいときは、子どもたちに目をつぶらせ、「匂いでおかずを当てようクイズ」をすると、静かになる

食事の準備中というのはとても騒がしいものです。

子どもたちは座って待っていてくれるのはいいけれど、どの子もペチャクチャおしゃべりしてばかり。そういうときは、いったんとにかく全員に目をつぶるよう言葉をかけます。それだけでも静かになりますが、それではつまらないので、そのままおかず当てクイズをしましょう。

「さあ、目をつぶったまま、くんくん匂いだけできょうのおかずが何かわかるかな」

子どもたちは私語をやめ、匂いをかぐことに集中し、得意げに当てていきます。もちろん、薄く目をあけていたり、事前によーく見ちゃってるからですが、ね。

子どもの気持ち

子どもは目をつぶったままでは思うようにおしゃべりができないので、自然と静かになる、というワケです。でも、ただ目をつぶらせるだけならこの方法は一日しかもちません。そのあとに「匂いあてクイズ」という楽しいゲームをするからこそ、子どもたちは、それを楽しみに、次の日からも先生の「目をつぶりましょう」の合図で素直に目をつぶり静かになるのです。毎日しても楽しい、子どももやりたがるゲームです。静かに目をつぶって、「匂い当てクイズ」をしてから「いただきます」のごあいさつ、というのが毎日の習慣になるのも楽しいですよ。

＜食事前に騒々しいときは…＞

食事前はとにかく騒々しくなりやすい。

子どもたちに目をつぶらせ、
おかず当てクイズをすると…
私語をやめ静かになる。

あっ ハンバーグの においだ……
ちらっと ……
クンクン

ワンポイントアドバイス

メニューを当てるだけでなく、お肉、おイモ、お豆腐…など中に入っているものを匂いでで当てるのも楽しいですよ。薄く目をあけて当てようとしたり、事前によく見てから当てようとする子がいたりしますが、クイズが目的ではないので、それもOKとします。

NGワード
静かにできない子は、ごはんあげないよ

第1章
子どもが落ち着くようになる
12

食事前のあいさつは、「ご用意はいいですか」ではなく、「ご用意まだの人」と言うと、本当に全員が用意できているかが確認でき、混乱が減る

食事準備がほぼ整ったころ、前に立ったお当番が子どもたちに尋ねます。「ご用意はいいですか」。すると子どもたちは元気よく「ハイ!」。「では、みなさんごいしょに」「いただきまーす」・・・。　でも、実際は、そのとき、まだ準備ができていない子どもが結構多くいるものです。でも彼らは「ハイ」の言葉にかき消され、なかなか気づいてもらえません。

そこでお当番は、「ご用意はいいですか」ではなく、「ご用意まだの人」と尋ねると、用意できていない子どもだけが返事をするので、本当に全員が準備OKかどうかがわかるようになります。

子どもの気持ち

「いただきます」の前のお当番の言葉は、本来は、みんなで本当にいただきますをしていいかどうかを確認するためにあるはずです。そしてもし用意がまだの人がいたらもう少し待って、みんなでいっしょにあいさつをする、という習慣をつけるためにしていたものが、いつの間にか、もうみんな用意ができているという前提で進められているようです。

とかく少数派の声というのは多数派の声にかき消されて聞こえないものです。自分は用意がまだなのに、あいさつが終わり、みんなは食べはじめてしまった、というのはその子どもにもかわいそうで、子どもを落ち着かなくさせます。少数派の子どもが見える保育者でありたいものですよね。

＜食事前のあいさつは、「ご用意はいいですか」だと混乱を招くもと。＞

はーい!
ご用意はいいですか?
ボク、まだなんだけど……

用意がまだできていない子どもそっちのけで、どんどん進んでしまう。

ご用意まだの人?
ハーイ
まだでーす!
しーん…

と言うと本当に用意のまだの子をたやすく発見できる。

ワンポイントアドバイス

子どもたちは、「…の人?」と聞かれると、つい「ハーイ!」と答えるクセがあります。そのとき、本当に「ハイ」なのかどうか。また、その声にかき消されている「イイエ」の子どもがどこにいるのかを見つけられる先生でありたいものです。

NGワード
早くしなさい!

発育測定、測るたびに一人ずつ「うわっ、大きくなっている」と言っていくと、子どもは喜び発育測定を楽しみにするようになる

「はい、かずしくん、102、5センチ、17、8キロ」、「次、みりちゃん、◎◎センチ・・・」。発育測定は、だいたいそんな風に進んでいきます。でも、これでは、子どもは数字を言われているだけで、おもしろくも何ともありません。子どもが騒々しくなるもとにもなっています。

でも、測ったあと、一人ひとりに「うわあ、◎センチも大きくなっている」と驚いて見せると・・・、

あら不思議。

子どもは笑顔いっぱいになり、測ってもらうことがうれしくなって、毎月の発育測定（身体計測）を楽しみに待つようになります。

どうしてうまくいくの？

発育測定は大きくなったかどうかを調べるためのもの、ということを子どもはちゃーんと知っています。でも、子どもが知りたいのは、自分が大きくなったかどうか、ということ。今現在の身長・体重値ではないのです。そこで、子どもが一番知りたがっている「自分が大きくなったこと」を知らせてあげる、というわけです。喜ぶのは当然です。幸い?子どもは毎月必ず大きくなっています。「あら◎◎ちゃんは小さくなってるわ」なんて言わなくてすみます。全員を喜ばせてあげることができるのです。「あっ！ ○センチも大きくなっている!」。具体的な数値を言ってあげると、さらに喜びます。園で行なうことってすべて子どもを喜ばせるためにあるのです。

＜発育測定のときには…＞

発育測定のときは、数字を言うだけだと
子どもたちもつまらない…。

はい○○くん
102.5cm。
次、△△ちゃん。

○○くん
102.5cm。
うわー、スゴイ！
1cmも大きく
なってるよ！
やった〜♪
いいな〜
ボクも大きく
なってるかな？

一人ひとりに大きくなっていることを驚いたように告げていくと、待っている子も落ち着き、測ってもらうことを楽しみに待つように…。

ワンポイントアドバイス

体重に関しては、減っていることもありえます。そういうときは、いかにも残念そうに「あら一、○キロ減っちゃった」と言ったり、「うわあ、スマートになっている」とむしろ喜ばしいことのように言ってあげると、子どもも喜びます。

NGワード
（先月の測り方が悪かったかもしれないのに）
「あら、全然大きくなってない！」

第1章 子どもが落ち着くようになる

14

保育参観、最初に親子でふれあいタイムを設け、握手して別れさせておくと、そのあと親を気にせず、スムーズに進む

保育参観の日、子どもたちはお母さんたちが見に来てくれてうれしいのと甘えたいのとで、普段とまったく違うようすを見せることが多いものです。甘えてすぐにお母さんのところへ行ってしまったり、気になって後ろばかり振り向いたり。先生も普段の元気な姿を見てもらえず、残念に思うこともありますよね。

保育参観では、最初から親子を離すのではなく、まずは二人で手遊びをするなど、親子で接する時間を少し設け、握手してから別れるようにすると・・・、

あら不思議。

子どもたちはその後、まるでお母さんの存在を忘れたかのように、普段のままの姿を見せ、もうお母さんの所へも行かなくなります。

どうしてうまくいくの？

お母さんがそばにいるとつい甘えたくなる・・・それが子どもです。保育参観では大好きなお母さんが目の前にいるのに甘えられないという状態にあり、子どもはいわば欲求不満の状態にあります。だから落ち着かなくなるのです。ならば、その欲求を最初に十分に満たせてあげればよい、というわけです。最初のほんの数分でOK。お母さんに甘え、お母さんと遊び・・・、まさに子どもがやりたかったこと、してほしかったことをするのです。子どもは満足しきったら次に進むことができます。また、「握手でバイバイ」をすることで、それが子どもにとってはいいきっかけになり、「お母さん、今からは僕(私)を見ててね」という意欲さえ出てきます。

＜保育参観、最初に親子でふれあいタイムを設けると…＞

保育参観は、子どもたちがとかくお母さんが気になって
落ち着かなくなるもの…

最初に、親子でふれあいあそびをし、握手をしてバイバイをしておくと…

子どもは安心してお母さんから離れ、その後、
いつも通りの姿が見られるようになる。

ワンポイントアドバイス

プログラムに、そういう親子のふれあいタイムを設ける余裕のないときは、子ども全員を振り向かせ、お互い手を振り合ったりしながら十分に親子対面させておくと、子どもはそれでもう安心し、いたずらに不安をいだかなくなります。

NGワード
お母さんたちは
ちゃんといるから
振り向かなくて
いいですよ

第1章 子どもが落ち着くようになる 15

製作遊びの説明は、見本を見せながら作り方の手順を最初に手短かにまとめて言っておくと、その後、落ち着いて注意や説明を聞くようになる

「はーい、きょうは◎◎を作りまーす。作り方を言いますからよーく聞いててね。まず、△を○にして、そのとき・・・しないよう気をつけて、・・・・したら・・・・するようにします。そのあと・・・、はーい、わかりましたかあ?」。実習生や新人の先生がよくやってしまう手です。でもこれでは大人が聞いていてもわかりません。案の定、いざ製作に入ったら大混乱。先生は、まったく何聞いてたのよ、状態。製作遊びは、まず見本を手にして見せ、作り方の全体の手順の概略を手短かに20秒くらいにまとめて言ってから、本格的な説明に入ると・・・、

あら不思議。

どの子もすっかりモチベーションが上がり、その後の説明も真剣に聞こうとします。

どうしてうまくいくの?

製作遊びは、作ってみたい、と思わせる動機づけが一番大切です。具体的なイメージがわかないのに、作る手順や諸注意を言ってみたところで、子どもは退屈はすれども、作ってみたい気が起こらないわけです。だから騒ぐのです。何でもマネをしたがる子どもは見本を見せるのが一番。それだけで、何も言わなくても「自分も作りたい」と思うもの。その際、作る手順をごく短く言えば言うほど、子どもは「なんとなく自分にも作れそう」とのイメージがわき、期待感が膨らみます。いったん「やる気」(動機付け)が起こったなら、興味をもって聞いたり、(多少話が長くても)落ち着いて聞いたりするものです。

＜製作遊びの説明をするときは…＞

製作あそびは、事前の説明が長くなると誰も聞いていない状態に…

今日は○○を作ります。後で△△を渡しますから◎◎しないように気をつけて…します。その後、××××……。
いったいどんなのをつくるのかなぁ?
うんざり…
はい、まださわりませ～ん

でも、最初に見本を見せながら作り方の手順を手短かに言っておくと、その後の説明を注意して聞くようになる。

はい、今日はこんなロボットを作ります。牛乳パックに手や足をつけてすぐにつくれますよ～
うわー！スゴ～イ
おもしろそう！

ワンポイントアドバイス

製作遊びは、子どもは誰も「果たして自分にも作れるのか」という不安を抱きます。作り方の説明をする際に、「誰でも作れる」「簡単に作れる」「必ず作れる」の3つの言葉を入れておくと子どもは安心します。

NGワード
よく聞いていない人は絶対に作れません

落ち着きのない子どもの多いクラスは「命(いのち)!」ポーズを毎日遊びで行なうと、次第に落ち着きが出てくる

「クラスの子どもたちに落ち着きがなくて困っている」

「子どもたちがとにかくじっとできず、いつも暴れてばかり」

幼稚園や保育園の先生の間でそういう悩みがここ数年、特に増えています。そういうときは、両手を広げ片足を上げて作る「命(いのち)!」のポーズを遊びとして毎日続けていると・・・、

あら不思議。

一人ひとりに随分落ち着きが見られるようになってきます。

どうしてうまくいくの?

落ち着きのない子どもの共通点は、たとえば整列をしたときでもすぐに体が動き出すことです。ほんの数秒でさえじっとできないようです。空手や剣道など、いわゆる武道の稽古では、正座をして心を落ち着かせる時間が必ずあります。やってみればわかりますが、短時間でもそういう姿勢をとると確かに心が落ち着いてきます。園の中でもそういう時間があるといいのですが、そうはいきません。そこで「命(いのち)」のポーズごっこです。これなら、子どもも喜んで行ないます。普段から落ち着きのない子どもは2秒もその姿勢をキープできず、1本足のままぴょんぴょん移動しますが、落ち着きのある子どもは何秒でもじっとできます。毎日していると、誰もが次第に長時間維持できるようになってきます。と同時に普段の行動の中にもだんだん落ち着きが見られるようになるから不思議です。

<落ち着きのない子どもの多いクラスは「命(いのち)」ポーズを毎日遊びで行なうと…>

おっとっと
はーい。イノチ!
できますかー?

普段から落ち着きのない子どもほどじっと立っていられない。

毎日しているうちに、目をつぶっても体が動かなくなってくる。すると、普段の行動も落ち着きがでてくる。

自然に集中力も養われる。

目をつぶってイノチ!ができますかぁ?
いーちにーいさーん・・・

ワンポイントアドバイス

　最初は目をあけて行ないます。ほとんどの子どもができるようになったころ、「じゃあ、目をつぶってやってみよう」と誘いかけ3秒くらいから始めます。子どもは大喜びで行ないますが、すぐに動き出す子どももいます。徐々に5秒10秒と延ばしていきますが、次第にだれも動かなくなり、その効果が目に見えてわかるようになります。

NGワード
もう!
みんなダメねぇ…

第1章
子どもが落ち着くようになる
17

いすとりゲームをするとき、まずはひとつも減らさない状態で行なうと、トラブルや混乱が減り、落ち着いて行なえるようになる

ルールが簡単でスリルも満点の「いすとりゲーム」は、この半世紀ずっと子どもの遊びの王様です。でも、子どもが行なうと、泣いたり怒ったりケンカしたり、のトラブルが必ず起こります。みんなが大慌てになる最初の方で特によく混乱が起こります。何より最初にアウトになった子は一番かわいそう。でも、最初に、いすをひとつも減らさないで、全員の数だけいすがあるルールで、数回しておくと・・・、

あら不思議。

ゲームの楽しさはそのままで、誰もが十分楽しめ、混乱もめっきり少なくなる「いすとりゲーム」に変身します。

どうしてうまくいくの？

いすとりゲームの欠点は、最初にアウトになった子どもは結局最後までほとんど参加できなかったことになり不満が残ること、ルールや要領が十分わかっていない子が最初の方で混乱しやすいということ。でもいすをひとつも減らさないで行なうだけで、それらの欠点はカバーできます。いすを減らさないなんて、つまらない・・・というのは大人の考えです。よく考えたら必ずあるのに、子どもは大慌てで必死で探しまわります。減らさない状態で数回しておくと、「座れるかなワクワク」「座れないかもドキドキ」「ヤッター座れた」という、いすとりゲームの醍醐味すべてを全員が何度も味わえ、ある程度満足します。だからこそ、そのあとの通常ルールで一番にアウトになっても納得して、アウトゾーンに移動し、不要な混乱が起こらなくなるというわけです。

<いすとりゲームをするときは…>

最初にアウトになった子は
結局最後まで何も楽しめ
なかったことに…

最初にいすをひとつも減らさないルールで数回行なっておくと、どの子も十分にいすとりゲームの醍醐味を味わえる上、ウソのように混乱が減る。

ワンポイントアドバイス

「ひとつも減らさないルール」をする代わりに、「ひとつしか減らさないルール」も子どもは大喜びします。アウトの席はいつも一人分。次のアウト者が出たら復帰でき、再び参加できるというわけです。復帰が約束されているので、アウトになっても過度に不満がらず、素直にアウト席に行くので、トラブルもうんと減ります。

NGワード
ケンカするならもうやめようかな

「かごめかごめ」をするときは、真ん中のオニを二人ずつにすれば混乱が減り、より楽しく遊べるようになる

古くから伝わる「かごめかごめ」はルールもやさしく、今も子どもたちがもっとも喜ぶ遊びのひとつです。

ところが実際に子どもたちとやってみると、誰もがオニになりたがったり、オニの後ろがダンゴ状態になったりケンカが起こったり、毎回何らかの混乱が起こってしまうのも「かごめかごめ」の特徴です。でも、オニの数をひとりではなく、二人ずつにして行なうと・・・、

あら不思議。

子どもたちはほぼ全員がオニを経験できる上、さまざまなおもしろさが加わった「かごめかごめ」が混乱なく楽しめます。

どうしてうまくいくの？

かごめかごめをすると、どうしても子どもはオニになりたがります。次こそオニに選ばれようと、オニの真後ろ辺りはいつもダンゴ状態になり、「僕だ」「いや違う」のトラブルも起こります。ところがオニを二人にすれば…。

1、「5回するだけでも10人がオニになれ、ほとんどの子どもがオニを経験できる」

2、「『声あて』も解答者（オニ）が二人いるのでどちらかが当ててくれてスムースに進む」

3、「二人ずつなので必ずオニになれそうな安心感から、我先にオニになりたがる子どもが減る」

など、トラブルが少なくなり、より楽しい「かごめかごめ」が楽しめるようになるというわけです。

＜「かごめかごめ」をするときは…＞

オニのうしろに子どもがダンゴ状態になったり、
ケンカがおこったり…案外トラブルが多いもの。

オニを二人ずつにすれば、全員がオニを経験しやすい上、いろんなおもしろさが加わる。

ワンポイントアドバイス

「後ろの正面だあれ？」で、オニの後ろにいる子ども二人を先生が指名しますが、二人ゆえ、厳密に「真後ろ」にいなくても「後ろあたり」でみんなも納得するので、まだオニになっていない子を選んであげやすくなります。一人ずつ声を出し、二人とも当たってからオニを交代します。

NGワード
わざと後ろに行く子は選んであげない

「小さな満足感を与え、心に落ち着きを与える」

最近、よく言われるのが「ここ数年、目に見えて子どもたちに落ち着きがなくなった」ということです。静かにできない、少しの間もじっとしていられない、すぐに暴れる･･･など、落ち着いて何かをするということがなかなかできない子どもがとても増えたと言うのです。そういう子どもは確かに昔からクラスに二人や三人、必ずいました。ところが、今は違います。クラスの半数近くがそんな子ども、という園もあるようです。

私が見ても、確かに最近、落ち着きのない子どもが増えたように思います。「子どもが落ち着いていたら困る」という専門家もいるのですが、子どもといえども、じっとすべきときに少しもじっとしていられないというのはやはり問題です。

でも、そういう子どもたちでも、最後まで静かに紙芝居を見たり、好きなおもちゃだと一生懸命集中して遊んでいるときがあります。ということは、子どもたちは条件さえ整えば、静かにしたり、落ち着いて行動したりできるということです。希望はあるのです。では、どうすればいいのでしょうか。

それは、行動ではなく、まず心を落ち着かせることです。心が落ち着けば子どもは行動も落ち着いてきます。ポイントは「満足感」。人は、満足感を得ると、自然に落ち着いた行動をとるようになるのです。

たとえば、子どもにスコップを配るとき、青と赤のスコップがあるとすると、「僕は青いの」「私は赤いの」と子どもは希望を言ってきます。そのとき「どっちでもいいの!」と言って希望を無視し適当に配るか、「はい青ね」「はい赤ね」と希望通り渡すのとでは、それだけでも子どもはその後の落ち着き具合がずいぶん違ってきます。希望がかなえられず、気分を害した子どもは、そのあと、砂を荒っぽく掘ったり、スキを見て他の子のスコップと変えようとしたり、いわゆる「落ち着きがない」かのような行動をとってしまうことがあります。片や希望がかなえられた子どもは心が満たされ、気分よく遊び、さっきの子どもたちと比べると随分落ち着いて遊ぶことができるのです。

同じことを大人に行なっても、同じようなことが起こります。「赤がいい」と言った人に青を渡し、青と言った人に赤を渡していくと、その場は文句の大嵐。そのまま気分よく砂遊びをする人はごくまれで、大半はその害した感情を言葉・表情・態度などで表わし、その場に不要な混乱が起こります。子どもの場合はそういうリアクションすら大人に押さえ込まれることが多く、そのストレスの蓄積が落ち着きのなさになって表われたりするのです。

子どもの気持ちを察しながら、わがままではない小さな希望はできるだけかなえてやり、小さな満足感をたくさん与えていくと、子どもは自然に落ち着いていきます。

子どもの心を満足させていくことによって子どもを落ち着かせていく…その具体的なヒントがこの第1章に書かれています。全項目を読んでいただければ、そこに共通する、子どもを満足させ、心を落ち着かせるための「ポイント」といったようなものが見えてくると思います。保育現場で起こる他の場面でも、ぜひご活用いただきたく思います。

こんにちはー♪
ピョンコちゃん

第2章
子どもが、言うことをよくきくようになる

大人には大人の都合があるように、

子どもには子どもの都合があるものです。

言うことをきかないのではなく、

きけない事情があるのです。

そこに理解を示すのと示さないのとでは、

子どものリアクションは大きく変わってきます。

第2章
子どもが、言うことをよくきくようになる
1

子どもは疑問形で叱られると言うことをきかなくなり、するべきことをストレートに伝えるとよく言うことをきく

たとえば子どもが机の上に上がっていたとすると、その子どもは叱られます。「どこに上がってるの!」。ゴミをそのへんにポイっと捨てた子どもも叱られます。「誰がそんなところに捨ててるの!」。後ろに大勢が並んでいるのに水道を出しっぱなしで何分も手を洗っている子どもは「いつまで洗ってるの!」。共通点は、子どもはそれですぐには従わず、叱った人の顔をジーっと見ること。

でも、「机から降りなさい」「ゴミはゴミ箱に捨てなさい」「もう水道を止めなさい」と、子どもがするべきことをストレートに言っていくと･･･、

あら不思議。

あれだけ言うことをきかなかったのにウソのようにその通りのことをするようになります。

どうしてうまくいくの?

「だれがそんなことをしてるの!」「どうしてそんなことをするの!」「どこ歩いているの!」「なにをしてるの!」「いつまでしてるの!」･･･。私たち大人は、子どもに対して、そうやってすぐに疑問形で叱ってしまいます。文章にしてみると、文字通り疑問文でしかなく、子どもは、ではどうすればいいか、ということがわからないのです。一方、子どもがするべきことをストレートにズバリ言うようにすると、子どもは相手が望むこと、自分がするべきことがわかり、その通りにする、というわけです。子どもには余計なことを言わず、するべきことだけを言うと案外素直に従うのです。

<子どもは疑問形で叱られると…>

子どもは言うことをきかず、叱った人の顔を見るだけのことが多い。

どこにあがってるの!?
なにしてるの!?
だれがそんなところにあがってるの!?
いつまであがってるの!?
机から降りなさい。
はーい

子どもは余計なことを言わず、するべきことをストレートに言うと意外と素直に言うことをきく。

ワンポイントアドバイス

疑問文の叱り方は大人は男女、関係なく、しているようです。たとえば、少年野球の監督などもよく「どこ見て投げてんだ!」「なにやってんだ!」「どうしてとれないんだ!」などと言って選手を叱っています。それらもちゃんと「もっと前を見て投げて」「しっかり脇をしめて取って」など具体的に言ってやると効果が上がるように思います。

NGワード
あらゆる疑問形の叱り言葉

「子どもを叱りすぎかな」と思ったときは、子どもたちに「先生はみんながだーい好きだから叱るんだよ」と心から言っておくと両者の心がつながる

「普段、子どもを叱ってばかりだったかもしれない」、「さっきは◎君をちょっと叱りすぎてしまった」・・・。そういう先生方は案外多いものです。お母さん方の中にも、同じような悩みを持つ方は数多くおられます。そう思ったときは、子どもの前で心からこう言いましょう。「先生はみんなのことがだーい好き。大好きだから怒るんだよ」・・・。すると、

子どもたちは、自分たちのことを大好きと言ってくれたうれしさと、先生の本当の気持ちを知った安心感で心が落ち着き、さらなる信頼感を寄せ、先生と子どもとの関係もぐっと近づいていきます。

どうしてうまくいくの？

何だかんだ言っても、幼稚園・保育園の先生というのは、みーんな子どもが大好きです。特に自分が受け持ったクラスの子どもたちはかわいくって仕方がありません。その気持ちを子どもに伝えるのです。「みんなのことが大好きだから叱る・・・」、実際その通りだと思います。その言葉にウソはないだけに、その言い方には真剣味が加わり、その気持ちは必ず子どもに届きます。そういう話をした後は、たとえ叱っても「先生はいま僕のことが好きだから怒ったんだね」などと言う子どもが出てきたり、叱っても素直に言うことをきいたりすることが目に見えて増えていきます。普段、そういう子どもへの本当の想いを面と向かって言う機会はなかなかないものです。月に一度くらいは伝えておきたいものです。

<「子どもを叱りすぎかな」と思ったときは…>

がミがミ
ガミガミ

子どもの前で先生のふだんの子どもへの気持ちをありのまま話しておくと、子どもは安心し、喜ぶ。

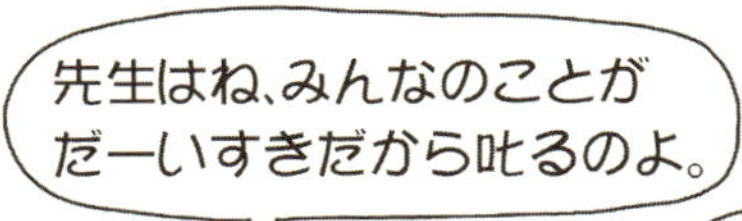

先生はね、みんなのことがだーいすきだから叱るのよ。

ふーん、そうか〜

ワンポイントアドバイス

子どもたちが集まって、先生の話を静かに聞いているときなどに突然話題にするのがポイントです。騒がしいときに言ってはいけません。「みんなのことが大好きだから･･･」、子どもは真剣に聞き入り、その場にほのぼのとした雰囲気が漂います。間違っても「その言葉が言い終わらないうちにもう叱ってしまって･･･」とならないよう気をつけましょう。

NGワード
もう大キライ!

「誰が一番早くできるかな？」と言ったなら、1番になった子どもの名前を本当に発表してやると、みんなが意欲的になっていく

子どもたちに何かをさせるとき、「だれが一番にできるかなあ？」とか「だれが早いかな？」と言ってしまうことはよくあります。でも、その後がいけません。

たとえ一番になってもたいていはそのまんま。何もいいことは起こりません。子どももだんだんモチベーションが下がります。

でも、一番になった子ども、がんばった子どもを、そのつどみんなにちゃーんと発表していくようにすると･･･、

あら不思議。

自分も一番になって名前を呼んでもらおうと、次からもみんな、がんばるようになります。

どうしてうまくいくの？

先生の「一番早いのは誰かなあ?」の言葉に子どもたちががぜん、張り切り出すのは、「それはぼく(わたし)だよ!」となりたいからです。

でも、せっかくがんばって一番になったのに、ほめてもくれない、名前も呼んでくれないとなれば「なーんだ、がっかり」となります。他の子も、一番になっても別にいいことなんて何も起こらないことを知ると、次第にだれもがんばらなくなります。

先生のその言葉でがんばって本当に1番になった子どもには、その名前を発表するなど、何らかの期待に添うことをしてこそ、他の子も「次は自分が…」と意欲を持つようになり、先生がその言葉で意図したことも達成されていくのです。

<「誰が一番早くできるかな?」と言ったなら…>

誰が一番早く着がえられるかなぁ?
♪

こういう風に言って子どもたちを励ましたときは…

はーい、一番は○○くんでしたー!
スゴイ!
いっちばーん!
ざんねん!

一番になった子どもを本当に発表してあげると、これからもその言葉でがんばろうとする。

ワンポイントアドバイス

1番になった子どもは名前を発表されてうれしいですが、じゃあ、がんばって2番になった子は…。何番であろうと、「一番早い子はだれかな?」の言葉でがんばったのなら、みんなほめられてしかるべきなのです。その言葉でがんばった子どもはみんなをほめてあげましょう。

NGワード
こんなに早くできるのなら最初から早くやりなさい!

「言う事をきかないからダメ」と言うのではなく「言う事をきいたらOK」と肯定的に言うと、子どもは言う事をききだす

子どもに「◎◎しなさい」と言っても素直に言うことをきかないのはよくあることです。そのくせ子どもは、先生に絶えずいろいろな要求を言ってきます。「お外で遊びたーい」「おなかがへったー」「お茶ちょうだーい」。それが子どもが言うことをきかない直後であればあるほど、先生は「◎◎もしない子はだめです」、と言ってしまいがちです。

そんなときは、拒否するように言わず、逆に「ちゃんと◎◎できたらお外に行きましょう」「◎◎したら食事にしましょう」など肯定的な言い方にし、◎◎をもう一度促すようにすると･･･、

あら不思議。

何も叱っていないのに子どもはウソのように言うことをききだします。

どうしてうまくいくの？

「◎◎したら、そうしてあげましょう」、「◎◎するならそれはOK」という言い方にすると、子どもは自分の要求が否定されなかったばかりか、むしろ認められたように感じます。それだけでもうれしく感じるものです。一方、「◎◎しないからダメ」的な言い方は、希望が完全に無視され、大げさに言えば子どもは絶望感を抱きます。「先生のいじわる!」と言う子もいます。実際、そういう言い方の中には指導的な言葉はなにもなく、教育的効果はまったく期待できません。本当にただの意地悪でしかないかもしれません。「条件つきだけどOKが出た!」となると、子どもは自分の希望を叶えるため、その条件をクリアしようとがんばりだす。つまり、いつの間にか先生の言うことを聞いている、というわけです。

<「言う事をきかないからダメ」と言うのではなく…>

お片づけを
しない子はダメです。
おなかすいたー
おそとに
行きたい

子どもは大人が否定的な言い方をするとますます言うことをきかなくなる。

お片づけしたら
そうしましょう
ハイ、お片づけ
お片づけ…っと
うわーい♪

子どもは丸ごと認め、肯定的に言っていくとよく言うことをきく。

ワンポイントアドバイス

よく、「△△しないなら小さい組さんに行ってもらおうかな」など、何かの罰を予告して子どもを動かそうとする先生を見かけることがあります。「◎◎するならOK」という言い方も同じように交換条件式の言い方ですが、待っているものが片や地獄、片や天国となり、子どもが言うことを聞く動機が両者ではまったく正反対のものになっています。

NGワード
言うことききかない
からダメ!

子どもに何か取りに行かせたいときは、「取っておいで、待っててあげるから」と言うと素直に取りに行く

たとえば、炎天下の砂場で遊んでいるとき、帽子もかぶらずに遊んでいる子どもがいたとします。そのとき「暑いから帽子を取っておいで」と言っても、子どもは「いや」と言ったり、「かぶらなくっていいの!」と言ったりして、なかなか素直に言うことを聞かないものです。取りに戻るのが面倒なのでしょうか。

そんなとき、「取っておいで、待っててあげるから」という言葉を付け加えると・・・、

あら不思議。

とても素直に取りに行きます。

どうしてうまくいくの?

この「待っててあげるから」という言葉がミソです。その言葉の中に、何か安心感ややさしさといったものを子どもは感じるようです。戻ってきても、今やっている遊びをそのまま再開できるような安心感(子どもはそういうことも不安がる)、戻ってきた後も先生がそこにいてくれそうな安心感、そういったさまざまな安心感を見出すからこそ、子どもは取りに行く気になるのです。子どもはその言葉の中に安心感を感じられる何かがあると、案外素直に従うところがあるのです。

＜子どもに何かを取りに行かせたいときは…＞

暑いから帽子を
取っていらっしゃい
と言っても子どもは、
なかなか行かないもの…。
暑くないから
イヤ！

取っておいで、
待っててあげるから
ハーイ♪
と言うと、
子どもは、
素直に取り
に行く。

ワンポイントアドバイス

「待っててあげるから」と言ったからには、子どもが戻ってくるまで本当に待っていてあげなくてはなりません。もし、戻ってきたときに先生がいなければ、この言葉の神通力もなくなってしまいますので気をつけましょう。

NGワード
いいから
取ってらっしゃい！

腹痛を訴える子どもをトイレに行かせたいときは、「出なかったら戻っておいで」と言うと素直にトイレに行く

「おなかが痛い」という子どもが出た場合、トイレに行くとたいていは治る、ということを過去の経験から知っている先生は、「トイレにいっておいで」とまずは子どもをトイレに行かせようとします。ところが、子どもは「いや」と言ったり「ない」とか言って、なかなか行きたがらないものです。

そんなときは、「出なかったらすぐに戻っておいで」という言葉を添えると･･･、

あら不思議。

あれだけ嫌がった子どもが素直にトイレに行くようになります。

どうしてうまくいくの？

子どもが腹痛を訴えても、そのまま病院へいかなければならないほど重症なケースはごくまれで、たいていはトイレに行くと治ることが多いもの。そこで先生は、まずは子どもをトイレに行かせようとします。ところが子どもは、行きたくないのにトイレに行くなんてイヤなので、断固拒否することが多いようです。でも、「出なかったらすぐに戻っておいで」という言葉には、「出なくてもいいんだ」「すぐに戻ってきてもいいんだ」というふたつの安心感を子どもに与え、ならば行こう、と思わせるわけです。そしてトイレに行ってみると、すぐにウンチが出てなんだかおなかがすっきりし、そのまま腹痛も収まる、というパターンが多いようです。

<腹痛を訴える子どもをトイレに行かせたいとき…>

おなかがいたい
トイレに
行っておいで
イヤ～
といれ
トイレに行かせようとしても
なかなか行きたがらないもの。

トイレに
行っておいで。
出なかったら
すぐに戻って
おいでね。
は～い
といれ
でもこう言うと…
不思議に素直に
行くようになる。

ワンポイントアドバイス

子どもをトイレに行かせたからには出ても出なくても、1～2分後必ずようすを見に行きましょう。もし出ていたら、ウンチの量や形状を確認し、子どもが一人で拭けたとしても衛生のためにもこの場は先生が拭くようにしましょう。

NGワード

早く行きなさい!

第2章
子どもが、言うことをよくきくようになる
7

厚着の子どもの服を脱がせたいときは、「寒くなったらまた着ていいから」と言うと、子どもは素直に脱ぐ

冬は子どもはともすれば厚着になります。たいして寒くないときでも上着にマフラーと、かなり厚着の子どもが多くいます。それだと汗をかいたり活動しにくくなったりするので、先生たちは、厚着の子どもにはせめて上着を脱ぐよう促します。

でも、そこで素直に従う子どもは少なく、「脱がない」「いいの」と、むしろ脱ぐのを嫌がる子どもが多いのではないでしょうか。そういうときは、「寒くなったらまた着ていいから」という言葉を添えると･･･、

あら不思議。

たいていの子どもは魔法にかかったように素直に脱ぎだします。

どうしてうまくいくの？

先生たちは、活動しにくい、汗をかく→カゼをひくかも･･･という親心?から厚着を避けさせたいのですが、子どもは少しは寒いし、わざわざ脱ぎたいとは思わないので、素直には言うことがきけないわけです。ところが、「寒くなったらまた着ていいから」という言葉の中には、「いつでもまた着られる」「寒いと思ったら着せてくれる」といった安心感を誘うようなものがあるようです。子どもはいったん脱ぐと、今度はその状態に慣れてしまい、今度は本当に寒くなっても着ないところがあります。子どもは衣服調整はなかなか自分ではできないので、大人がこまめに言葉をかけてあげる必要があります。

<厚着をしている子どもの服を脱がせたいときは…>

暑いから脱ぎなさい
イヤー！
…と言うだけでは、なかなか脱ごうとしないもの。

はーい
暑いから
脱ごうね。
寒くなったら、
また着て
いいから‥
…と言うと、素直に脱ぐようになる。

ワンポイントアドバイス

寒くなったらまた着ていいから、と言ったわけですから、脱がせた後、本当に寒さを訴えた子どもがいたなら、約束どおり着せてあげましょう。子どもはそういう信頼関係を積み上げてこそ、次からも素直に従ってくれるようになるのです。

NGワード
いいから脱ぎなさい！

「前にならえ」で整列するときは、「お友達に手がぶつかったら後ろへ行きましょう」と言うと、上手に並べるようになる

「前にい〜、ならえっ!」。先生の号令で、一斉に手を前に出し、きれいに1列に並ぶ・・・。

そこまではいかなくても、とにかく前に手を上げさせ、1列に並ぶという並び方は、今でも幼稚園や保育園でよく行なわれています。でも、子どもは、手は前ではなく横に広げた感じになり、体は前の子どもの背中にぴったりくっつけるようにして並びます。前後の間隔がまったくないのです。

そういうときは「前のお友達の体に手がぶつかったら、後ろに下がりましょう」と言うと・・・、

あら不思議。

ほどよい間隔できれいに1列に並べるようになります。

どうしてうまくいくの?

整列するとき、子どもはどうして手を前に出すのかわかっていないようです。正解は、手の長さ分だけ前の人との間隔をあけるためですが、そもそもそういうことがわかっていないのです。子どもは前の友達の後ろにつくことが目的となり、そのとき上げた手はむしろ邪魔になりつい横に・・・、となるようです。そこで、「前に出した手がぶつかったら後ろへ下がりましょう」という具体的な指示が与えられると、手の置き場にも困らず、きれいに1列に並べるようになる、というわけです。

＜「前にならえ」で整列するときは…＞

はーい、「前にならえ」で
並んでくださーい。

子どもたちに「前にならえ」をさせると、こんな風にびっしりと詰めて並んでしまう。

手をこうやって、
おともだちにぶつかったなら
うしろに下がりましょう

そう言うと、ほどよい間隔をあけて上手に並べるようになる。

ワンポイントアドバイス

子どもを並ばせるのは、「やりやすい」「数えやすい」「見た目がきれい」など、大人の都合が半分以上を占めるものです。子どもは別に並ばなくってもなんら都合悪くないものです。子どもを並ばせるときは、半分以上はこちらの都合だと思って、子どもに対しては少し謙虚な気持ちでいることも大切です。

NGワード
並ぶのが
下手ねえ

遊戯室や運動場を広く大きく回らせたいときは、「大きく回りなさい」ではなく「遠いところを回りましょう」と言うと、子どもは広く大きく回るようになる

運動場や遊戯室でリズム遊びや表現遊びなどをする際、子どもたちにその中をグルグル回って走らせることがよくあります。そのとき、先生は子どもたちをできるだけ広く大きく回って走れるよう「大きく回って」とか「広く回って」などと言います。でも、子どもたちはその言葉に反応するどころか、逆にだんだんと狭く小さく回るようになります。そんなときは「広く」「大きく」ではなく、「もっと遠いところを回りましょう」と言うと・・・、

あら不思議。

子どもたちは「広く」「大きく」回るようになっていきます。

どうしてうまくいくの？

子どもにとって「広い」は狭い広いの場所の広さを示す言葉で、「大きい」はものの大きさを示す言葉です。「広く走る」「大きく回る」という言葉は子どもの辞書にはないので、その意味がわからないのです。でも、「近い」「遠い」ならわかります。そこで「遠いところを走りましょう」というと、子どもはなんとなく「だれもが行かないような端っこの方」、「離れたところ」をイメージし、要するにそういうところを走るのだなと思い、そこではじめて大人の意図するところを走るようになるというわけです。

<遊戯室や運動場を広く大きく回らせたいときは…>

子どもたちに同じところをぐるぐる走らせると、「もっと広く大きく回って」と言ってもその円はだんだん狭く小さくなっていく…

もっと大きく回りなさーい!

遠いところ〜
もっと遠いところを回りましょう〜

と言うと子どもは「広く」「大きく」回るようになる。

ワンポイントアドバイス

同じところを一斉にぐるぐる回って走るとその円がだんだん小さくなっていく、という現象は実は大人でも起こります。同じところを回って走ると、まるで吸い込まれるかのように中央に向かっていってしまうようです。人間は誰でもそうなってしまうということを覚えておくと、ゲームをするときなどに必ず役立ちます。

NGワード

中じゃないの、そとそと!

10

体操をするために広がるとき、「広がりなさい」ではなく、「お友達と離れて、遠いところへ広がりましょう」と言うと、子どもはほどよく広がる

整列している子どもたちを広がらせ、体操やゲームをしたいとき、先生はよく「広がりましょう」とだけしか言わないことが多いようです。すると子どもは、少し動くだけだったり、一斉に同じ方向に移動し、結局違う位置でさっきと同じ間隔になっただけだったりします。そんなときは、「広がりましょう」ではなく、「お友達と離れてちょっと遠くまで行ってみましょう」と言うと・・・、

あら不思議。

子どもたちはスペースにまんべんなく広がっていき、体操もスムーズにできるようになります。

どうしてうまくいくの？

子どもにとってもっとも苦手なことのひとつが「空間認知」です。ここから入ってはダメ、と平面に線を引いても子どもは堂々と入ってきます。「線から入る」という意味がわからないのです。「広がる」という言葉も空間認知ができないとイメージがわかない言葉です。上空から見てまんべんなく散らばったようすが先生の言う「広がる」ですが、そこまでイメージさせるのは子どもにはまだ無理なのです。その点「友達と離れる」「遠くへ行く」というのは子どもには身近でわかりやすい言葉です。その言葉どおりに動くと、結果的に「広がった」ことになります。「広がる」とは要するにそういうことです。子どもにとって難しい言葉は、身近で具体的な行動が伴う言葉に置き換えて言うと、うまくいくことが多いものです。

<体操をするために広がるときには…>

みんなで同じ場所へ移動するだけだったり…

はーい、
広がってー

かえって、くっついてしまうことも…

「広がってー」だけの号令だと、違うところにかたまりができるだけだったり、ほんのちょっぴり移動しただけだったりで、決して広がったことにならない形に…

おともだちとぶつからないよう
遠いところへ行きましょうー

こう言うと、子どもたちはその言葉どおりに動き、適度に広がるようになる。

ワンポイントアドバイス

どうにかこうにか広がることができた後、子どもたち全員に向かって「広がるってこういうことですよー。覚えておいてねー」と言っておくと、子どもも「広がる」という意味が少しずつわかってきます。うまく広がれたあと、欠かさず言っておきましょう。

NGワード
何やってんの、違うでしょ!

第2章 子どもが、言うことをよくきくようになる

11

楽器遊びは、楽器を配った直後に、自由に鳴らせる遊びを少し行なうと、そのあと先生の指示をとてもよく守りながら楽器遊びができる

みんなで楽しく楽器遊びをしようと、一人ずつ楽器を配ったら、配った子どもから勝手に楽器を鳴らしてしまい、指示も聞かずみんなで揃う楽器遊びが思うようにできない、という経験はありませんか?

そういうときは、配り終えたあと、その楽器を少しの時間だけ一斉に好きなように鳴らさせてあげると・・・、

あら不思議。

その後、まるで先生の指示を楽しみに待つかのようになり、整然とした楽器遊びを進めることができます。

どうしてうまくいくの?

楽器遊びの講習会で、カスタネットを配ったところ、私がまだ何も言っていないのに、カチカチと鳴らす音があちこちから聞こえてきました。大人でもこうなのです。楽器を手にしたらなんとなくうれしくて、誰でもつい鳴らしたくなるのです。鳴らしたいのなら鳴らさせてやればいいのです。「さあ、先生が手をぐるぐる回している間、好きなように鳴らしてくださ〜い」。配った直後にそう言って自由に鳴らさせ、十数秒ほど鳴らさせた後、セーフのポーズをすると、子どもたちはなぜか鳴らすのをやめます。そして再び手をぐるぐる回し「はい鳴らして〜」。そして再びセーフポーズ。すると、それがもう自然と楽しい遊びになり、鳴らしたい欲求が満たされた上、楽しいので子どもたちは先生の合図を楽しみに待つかのような感じになり、いつの間にかすっかり先生の言葉や動きに集中しています。その後そのまま、その日のねらいの遊びに移ればいいでしょう。

＜楽器遊びを始めるときには…＞

楽器を手にしたとたん、静かに待っていてくれる子は少なく、たいていはこんな状態に…。

＜でも最初に好きなように自由に鳴らさせてあげると…＞

これで子どもは満足し、この後先生の指示に素直に従うようになる。

ワンポイントアドバイス

　最初しばらくその遊びをすると言っても、ほんの1、2分でいいのです。でも、楽器遊びのたびに最初にその遊びを行なうようにすると、子どもたちは楽器遊びの時間を楽しみに待つようになります。

NGワード
誰ですか！
勝手に鳴らしているのは！

みんなでお片づけをするときは、事前にお片づけの予告を出しておくと、そのとき素直に片づけるようになる

お片づけの号令って、子どもの立場から言うと、いつも突然やってきます。せっかくいいところだったのにいつもそれを中断させられるわけです。中にはジクソーパズルの完成まであと数ピースだった子どもや、もう少しでママゴトの食事の盛り付けが終わるところだった子どももいたことでしょう。

そこでお片づけの号令を出すときは、ときには子どもの都合を考えてやり、号令を出す前に、「みんな、もうすぐお片づけの時間ですよ」と、事前に伝えておくようにすると・・・、

あら不思議。

突然言ったときよりも子どもたちはずいぶん素直に片づけるようになります。

どうしてうまくいくの？

「もうすぐお片づけですよ」と予告を出しておくと、子どもは心の準備をし、子どもなりに遊びのエンディングを考え、残り少ない最後を心おきなく遊んでおこうとします。その満足感を味わえてこそ、やがて聞こえるお片づけの「号令」にも素直に従うことができる、というわけです。お片づけでも何でも、子どもには子どもの都合があるのです。

<みんなでお片づけをするとき、事前に予告をだしておくと…>

みんなー
もうすぐ
お片づけですよ〜。
もうすぐ出来上がるから
いそがなくちゃ〜
じゃ、あとひとつ
お料理を作りましょ
うん

"本令"を出したときに素直に片づけだす。

ハ〜イ！
みなさーん
お片づけ
ですよ〜。
はーい、もう
出来上がった
もんね〜
あ〜、
おもしろかった

ワンポイントアドバイス

「事前に予告」と言ってもほんの2,3分前で十分です。2、3分と言えども、その時間があってこそ子どもは自分の遊びを深められ、満足感を味わって遊びを終えることができるのです。

NGワード
言うことを
聞きなさい！

第2章 子どもが、言うことをよくきくようになる

13

お片づけの合図を出して、子どもが嫌がったときは、「じゃあ後少しだけ、ね」と言って、1、2分後に改めて合図を出すと、今度は素直に片づける

「はーい、そろそろお片づけですよ～」という先生の言葉に「え～!?」という尻上がりの声が聞こえたら、それは子どもの「お片づけなんていや～」、「もっと遊びた～い」という合図。そんなリアクションがあったときは、強引に片づけさせても子どもはダラダラと片づけるだけ。そういうときはいったん「じゃあ後少しだけね」と言って、数分後にあらためてお片づけの号令を出すと･･･、

あら不思議。

さっきとはうって変わって、素直に片づけだす子どもがうーんと増えます。

どうしてうまくいくの？

先生の「お片づけしましょう」の指示に対して否定的な態度を取ったのに、先生が怒るどころか受け入れてくれたこと、そして、「もっと遊びたい」という自分たちの願いがかなえられたこと、などでたくさんの満足を得て心の余裕ができ、じゃあ今度は先生の言うことを聞こうという素直さが芽生えてくるのです。何分たくさん遊べたかは問題ではなく、自分の要求が受け入れられたことがうれしいので、その「あと少し」が実際はわずか数分だったとしても、子どもたちは素直に従うわけです。

<お片づけの合図を出して、子どもが嫌がったときは…>

え〜〜〜！
お片づけですよ〜

お片づけの合図を出して、子どもから
こんなリアクションが返ってきたときは…

↓

じゃあ、あと少しだけね
やったー！

と言っておくと改めてお片づけの指示を出したとき、
子どもは素直に片づけだす。

ワンポイントアドバイス

2回目の号令のときでもお片づけを嫌がるようなときは、「さっきは先生がみんなの言うことを聞いたから、今度はみんなが言うことを聞いてくれる番ですよ」などと言うといいでしょう。随分説得力があるようで、それでたいていの子どもは素直に片づけだします。

NGワード
「えー!」じゃないでしょ!

「人は自分の言うことをきいてくれる人の言うことはきく」

「子どもが言うことを聞かないで困っている･･･」

いつの時代も、保護者や先生たちがいちばん悩むことです。でも、そういう大人も、実は子どもの言うことをあまり聞いていないものです。

たとえば、散歩の途中で虫を見つけ、「あ、虫だ。捕まえよう」と言うと、「はい、止まらないで。行きますよ」。フェンスの外からサイレンが聞こえてきたので「（救急車）見たーい」と言うと「見ないでいいの！」。お茶がほしいから「お茶おかわり」と言ったのに「お茶ばかり飲んではいけません」。

「子どもの言うこと」の中身は、単にこうしたい、というちょっとした望みであるだけのことが多いものです。人間誰しも、こうしたい、こうしてほしいという希望や欲求をもっています。大人は、それらの希望はほとんど自力でかなえています。ところが子どもはそうはいきません。

たとえばちょっと本屋に寄りたいなと思えば大人は自由に立ち寄り、3分寄るのも30分寄るのも自由ですが、子どもならすぐに大人に引っ張られてしまいます。電車も、きょうは先頭車両に乗りたいなと思えば大人は自由に乗れるし、座りたいからやはり次の電車に、というのもアリです。子どもは、自分の望みがかなうかどうかは大人次第。自力ではかなえられないのです。それがわがままならともかく、さっきのように「虫が見たい」「救急車が見たい」といった、子どもらしい、ごくささやかな望みすらなかなかかないません。希望してもお茶さえ簡単には飲めないのです。

第1章でも述べたように子どもは満足するととても心が落ち着きます。すると心に余裕が生まれ、聞け（か）なかった大人の要求（つまり大人の「言うこと」）も聞こうとするようになってくるのです。大満足でなくていいのです。ちょっと満足すればいいのです。虫を探すのも30秒でよく、本屋さんに立ち寄るのも1分でいいのです。お茶のおかわりもコップ半分でよかったのです。子どもはそれで満足するのです。

この第2章では、対応やことばがけを少し工夫しただけで、結果として子どもがとても言うことをきくようになる、という例を具体的に挙げています。ポイントは子どもの気持ちを察しながら子どもの「言うこと」をきいてあげること、そして子どもが安心するやさしい言葉をかけるということでしょうか。子どもは自分にやさしい人、自分の言うことをきいてくれる人の「言うこと」は、ちゃんときこうとするものなのです。大人も同じかもしれませんね。

もちろん単なるわがままや、それが危険や迷惑・ルール違反につながるような望みはかなえる必要はありません。主に探求心や好奇心から来る望み、生理的欲求から来る「言うこと」を、きいてやるようにするのです。さっきの「救急車が見たい」「虫を捕りたい」「お茶がほしい」などはすべてそれです。子どもの望みは、その大半がかなえてあげてもなんら差し支えない、実にまっとうな要求が多いものです。

取っておいで
待っててあげるから
ハーイ♪

第3章 望ましい生活習慣が身につくようになる

望ましい生活習慣というものは、

勝手に身につくものではありません。

教えたからこそ身につくのです。

でも、

教わったから身につくというものでもありません。

そこに楽しさや喜びがあってこそ

身につくのです。

子どもが望ましい行動をとったとき、それをそのまま言葉にするだけで、子どもはほめられたと感じ、その行動を繰り返そうとする

たとえば食事前にきちんと手を洗った、「いただきます」が言えた、残さずに食べた、「ごちそうさま」と言った、食器をきちんと返したなど、望ましい行動を子どもがとったとき、それぞれ、「きちんと手を洗えたね」「いただきますって言えたね」「残さないで食べられたね」「ごちそうさまって言えたね」「食器をきちんと戻せたね」・・・と、子どもがやったことをそのまま言葉にして口で言うだけで・・・、

あら不思議。

子どもはそれを「ほめられた」と感じ、次からも行なおうとし、自然にその行動が定着していきます。

どうしてうまくいくの？

食事前や排便後に手を洗う、「いただきます」のあいさつをする、食事を残さずに食べる、食器をきちんと戻す・・・。これらはまさに「望ましい活動」です。やって当たり前のことばかりですが、子どもがそれをしないで悩んでいる保護者や先生は数多くいるのです。十分ほめるに値するすばらしいことばかりです。ほめると言っても「偉いね」なんて言いません。上のように、子どもがやったことを、そのまま復唱するように口で言うだけです。子どもはそれで認められた気持ちになり、十分ほめられた気になります。子どもはほめられたことはもう一度行なおうとするところがあります。たとえば子どもの頭上にかざした手を、ジャンプしてタッチできたとき、「届いたね」と、その事実を言っただけで子どもは必ずもう一度飛びます。その言葉がうれしいのです。子どもに定着させたい行動は、子どもがやったときに、それをそのまま口にするだけでいいのです。

＜子どもが望ましい行動をとったときは…＞

子どもが望ましい行動をとったときは
それをそのまま言葉にして言うだけで…。

ごちそうさまー
ごちそうさまって言えたね
残さないで全部たべられたね

ごちそうさま～！

子どもはその行動を繰り返し
やがてその行動が定着するように…。

ワンポイントアドバイス

定着させたい行動から、そうやってほめてみましょう。何も言われなくてもするようになったら、すっかり定着している証拠なので、もうほめる必要はありません。（もちろんほめてもいいのですが）。

NGワード
ほめないで無言でいること

ごあいさつ、しっかり言えなくても、言えた部分を認める言葉をかけていくと、いろんなあいさつがちゃんと言えるようになる

「おはようございまーす」。子どもたちに元気よくあいさつをしたのに、蚊の鳴くような声で返事が返ってきたとき、「元気がないわね。はいもう一度」なんて言っていませんか。家庭でも子どもたちは毎日のように、「ごあいさつは!」「もっと大きな声で!」などと言って叱られています。でもこれでは子どもはいつまでたっても元気よくあいさつできません。

そんなとき、「声は小さかったけれど、ちゃんとあいさつできたね」と、言えた部分、できた部分を評価し、口に出してほめていくと･･･、

あら不思議。

だんだんと大きな声であいさつできるようになっていきます。

どうしてうまくいくの?

大人は子どもに対し、とかく足らない部分ばかりを言ってしまい、きちんとできた部分を評価しないところがあります。子どものあいさつも、たとえ言えても「声が小さかった」「言われてから言った」など、不足する部分ばかり指摘され、「言えた」という部分はなかなか評価されません。

本当は、たとえ小さくても言えたのならたいしたもので、何も言わない子どもの10倍はすばらしいのです。「声は小さかったけれどきちんとあいさつできたね」。そう言われるだけで、子どもは自分は認めてられていると感じ、大いに自信を持ちます。それでこそ、「よし、今度はもっと大きな声で言うぞ」と、次への意欲が出てくるのです。

<ごあいさつがしっかり言えなくても…>

子どもがあいさつ言葉を言ったとき、できていない部分を指摘するのではなく…

おはよう～！
あらーっ、小さい声ねー。ダメよ、もっと元気よく言わないと！
オハヨ…！

おはよう～！
声は小さかったけどちゃんとごあいさつできたね！
オハヨウ～！

言えた部分、できた部分を評価する言葉をかけていくと子どもは、自信を持つようになる。

ワンポイントアドバイス

「こんにちは」「さようなら」「いただきます」「ごちそうさま」…。あいさつには場面によって、さまざまな言葉があります。3歳にもなれば、子どもは実はどんなあいさつ言葉も知っています。言わないのではありません。うまく言えないだけなのです。どのあいさつ言葉であれ、言えたときにほめていくと、次々とどのあいさつ言葉も言えるようになってきます。

NGワード
どうして言えないの！

第3章 望ましい生活習慣が身につくようになる 3

名前を呼んで、子どもが返事をするたびにほめていると、子どもは返事をする癖がつく

「◎◎くん」と子どもの名前を呼んでも、返事もしないで顔だけこっちを向ける子どもは多いものです。

でも、中には「はーい」とかわいい返事をしてくれる子どもや、いつも返事はしないのに、たまに「はいっ」と元気よく返事をする子どももいます。そのときに、「お返事できたね」「あっ、いいお返事だ」と子どもをほめていくと・・・、

あら不思議。

次からもいい返事をしたり、返事をしなかった子どもまでが返事をするようになっていきます。

どうして うまくいくの？

たとえば、子どもたちを集めて出席をとるときでも、いい返事が聞こえてもそれで当たり前とばかりにそのまま進み、返事ができなかったり声が小さかった子どもにはそのつど注意を与えてしまいがちです。でも、返事が小さくてもそのまま進め、逆にいい返事をできた子どもをほめるようにしていくと、あっという間に全員がいい返事をするようになり、次の日からは子どもも出席調べが楽しみになったりします。子どもはほめられるとうれしく、友達がほめられたことは自分も真似してやってみようとします。この方法は他の生活習慣を定着させたいときにも大いに役立ちますよ。

＜名前を呼んで、子どもが返事をするたびにほめていると…＞

○○ちゃん
はーい
あら、聞こえないわよ
もっと大きな声でね

たとえば出席調べのときでも返事をしないときや、
返事が小さいときに言うのではなく…

○○ちゃん
はーい！
お、いい返事。
すごーい！

いい返事をしたときに、ほめるようにすると、
だんだん、みんな返事をする習性がついてくる。

ワンポイントアドバイス

出席調べのとき、子どもがふざけたような返事の仕方をしたときに何も言わずにやり過ごしていると、またたく間に伝染し、次々とふざけたような返事が増えていきます。子どもはウケたと思うことも真似をしたくなるのです。そういうときはその一人目をきちんと注意しておくことが大切です。

NGワード
あらー、
返事がないよー

トイレのスリッパは、揃えない子どもを叱らず、揃えた子どもをほめるようにすると、みんな揃えるようになる

幼稚園保育園のトイレのスリッパは乱雑になりがちです。毎日大勢が使う上、何足もあるので、余計にそうなるのかもしれません。普通の靴ならば気をつけて脱ぐ子どもも、トイレのスリッパだと、ついいい加減になってしまうようです。

そのつどいくら注意したり叱ったりしてもまったく効果なし、というクラスや園は案外多いものです。でも、揃えない子どもを見つけて叱るのではなく、揃えた子どもをほめるようにしていくと･･･、

あら不思議。

いつの間にか、黙っていてもみーんな揃えるクラスになっていきますよ。

どうしてうまくいくの？

子どもはほめられるととてもうれしく、その快感を味わいたくて、同じことを繰り返して行なおうとする習性があります。トイレのスリッパも揃えたときにほめられると、うれしくてつい、その次も揃えていくようになる、というわけです。それを見た子どもは、自分もほめられようと、揃えるようになったりします。そうするうちに、揃える習慣ができ、別にほめられなくても揃えるようになっていきます。揃えない子どもをきつく叱っていっても同じ効果が得られることがありますが、それでは習慣になりにくく、その先生がいないところでは元の木阿弥になっていることが多いものです。

＜子どもがトイレのスリッパを揃えないときは…＞

トイレのスリッパは、揃えない子どもを叱っていくよりも…

いいなぁ〜
ほめられて。
よし、ボクも！

スリッパを揃えた子どもをほめるようにすると、やがてみんなが揃えるようになる。

ワンポイントアドバイス

人がほめられるのを見て、自分もほめられようと揃えに戻ったり人の分まで揃えたりする子どもも出てきますが、彼らもそのつどほめてあげましょう。そこで叱ったりイヤミを言ったりすると、その子どもは、もう、しなくなってしまいます。実際、いいことに変わりはなく、ほめてあげる価値は十分にあるのですから。

揃えない子どもを叱らないと言っても、普段から揃えることの大切さを伝えておくことはもちろん大切です。言われたこと（教え）を実行するとほめられた、という経験を通して子どもは、教えを守ることの楽しさ感じ、次第にそれが習慣となっていくのです。

NGワード
スリッパを揃えてないのは誰ですか！

トイレを促しても行かないときは、手をつないでトイレまでいっしょに行ってあげると、喜んで行くようになる

子どもはトイレを促されると不思議と行きたがらないようです。行ったら出るとわかっているようなときでも、「イヤ!」「出ない!」と言ったりします。特に3歳以下の子どもに多いようです。　「いやー」「行きなさい」「いやー」の押し問答になることもあります。子どもが促してもトイレに行かないときは、「トイレに行こうね」と言ってやさしく手をつなぎ、トイレの中までいっしょについていってあげるようにすると・・・、

あら不思議。

あれだけ嫌がっていたのに、楽しそうについてきて、さっさと用を足すようになります。

どうしてうまくいくの？

特に小さな子どもにとってトイレは「脱いだりはいたり、何かと面倒」、「一人になるから不安」など、あまりいい印象はないようです。トイレを促されるたびに待ってましたとばかりに喜んで行くような子はまずいません。でも、子どもがトイレに行くのを嫌がる気持ちはなんとなくわかるような気がしますよね。そこで、「トイレ行き」に少しでも楽しい雰囲気を醸し出すのが、「先生と手をつないで行く」ということです。子どもはとにかく手をつないでもらうことが好きです。無条件に「安心感」や「うれしさ」といったものをもたらすようです。また、子どもと手をつなぐのは、その子どもをよほど愛している人しかできない行為です。手をつないで伝わるのはその人の手のぬくもりだけではなく、心のぬくもりが伝わるのです。だから嫌いなトイレも喜んで行くようになるのです。

<トイレを促しても行かないときは…>

トイレに
行っておいで
イヤ〜!
といれ
もじ
もじ

はい、トイレに
行こうね♪
といれ
うん♪

トイレの入り口近くまでだけでも手をつないで
いっしょに行ってあげると行くようになる。

ワンポイント アドバイス

一人で行くのが不安な、特に乳児クラスの子どもに効果的です。1歳2歳なら便器までついて行ってあげると安心します。3歳以上の場合はトイレの入り口まででいいでしょう。

手をつなぐときはもちろん叱りながらではなく、やさしい言葉で促します。

NGワード

早く行きなさい!

子どもがお片づけをしないときは、「お片づけして楽しいことをしよう」と言うだけで、素直に片づけはじめる

保護者そして保育者の共通する悩みのひとつが、「子どもがお片づけをしないので困っている」ということです。実際、「お片づけですよー」と声を掛けても「はーい」という素直な返事が返ってくることはめったにない、というのが現状ではないでしょうか。

でも、そのとき「そうだ! お片づけをしてとっても楽しいことをしよう」と提案するように言うと･･･、

あら不思議。

子どもたちは喜んで片づけるようになります。

どうしてうまくいくの?

子どもたちは基本的にお片づけが嫌いです。とは言っても、お片づけはマナーのひとつ。好きか嫌いかではなく、しなければならないものです。でも、あいさつなどを含むマナーというものは、ある程度の社会性が備わっていないとなかなか身につきません。無理強いでは定着しにくいのです。子どもが嫌がる活動を子どもたちにさせるときのポイントはただひとつ。「そうしたくなるように持っていく」ことです。「片づけたら楽しいことをしよう」の言葉で子どもたちは夢を膨らませ、期待感を持ちます。それに魅かれ、それをゲットするためにお片づけすることを自分で勝手に交換条件にするわけです。「楽しいことって何?」、「ひ・み・つ」。そういうやりとりがさらに子どもの夢を膨らませます。

<お片づけを促しても誰もしようとしないときは…>

みんなー
お片づけですよー！
あら
だれも片づけて
くれない……
イヤーだよ
もっと
あそびたーい
…18.19.
20.21…

さあ！
お片づけして
楽しいこと
しよう！
楽しいことって
なんだろうーね？
…と言うと、子どもたちは
喜んで片づけはじめる。
たのしいコト～♪
ワク
ワク

ワンポイントアドバイス

　片づけた後は、かけっこ、すもう、絵本、手遊び、紙芝居、何でもいいので、本当に楽しいことを何かひとつするようにします。楽しいことには違いないので、子どもはそれで満足します。

　私はこのやり方で子どもから文句を言われたことが一度もありません。

NGワード
お片づけしない子はもう遊ばせません！

第3章 望ましい生活習慣が身につくようになる 7

靴箱に靴を入れない子どもは、入れたときに欠かさずほめるようにすると、靴を入れる習慣が身につくようになる

子どもたちが外から部屋に入った後へ、靴箱の前を見てみると、靴を入れ忘れている子どもが数人はいます。とかく毎日お決まりの子どもがそうなってしまいがちで、彼らは靴を入れないことがまるで習慣になっているかのようです。

でも、そういう子どもも、きちんと入れているときもあります。そのときに欠かさずほめるようにすると･･･、

あら不思議。

次第に靴を入れる習慣が身についていきます。

どうしてうまくいくの?

とかく大人は、しなかったときには子どもを叱るけれど、きちんとやったときは案外何も言わないものです。やって当たり前というわけです。でも、そのやって当たり前のことができなくて悩んでいる保護者や先生も多くいます。ということは、それは決して当たり前ではなく、十分ほめるに値するすばらしいことなのです。子どもはほめられるとうれしく、同じ事をもう一度行なおうとする習性があります。靴も、入れたときにほめられたとなると、その快感を脳が覚えていて、自然にもう一度行なう、というわけです。叱られて行なったものは、自分の意思で行なったわけではないのでなかなか身につかず、むしろ叱られないとできないようになってしまいます。

<靴箱に靴を入れない子どもには…>

だーれ！お靴を入れないのは！

靴を靴箱に入れない子どもは、
靴を入れないときに叱るのではなく…

靴を入れた時に欠かさずほめるようにするとその後も靴をきちんと入れるようになる。

あっ、今日は靴をちゃんと入れられたね！

ワンポイントアドバイス

叱らないと言っても、普段から「靴は靴箱に入れましょう」と言っておくことは大切です。また、靴を入れることがもうすっかり習慣になったならば、もうほめなくても大丈夫です。

NGワード

この靴は誰のですか!

嫌いなおかずは、子どもの目の前で8割減らしてやると、子どもは全部食べるようになる

子どもは好き嫌いが多いもの。中には、それが嫌いだからと言って、まったく手をつけようとしない子どももいます。無理に食べさせるのもよくありませんが、だからといって全部残させるのも考えものですよね。

そういうときは、子どもの目の前で、その8割を取り除き、残りの2割を「これだけ少なくなったよ。これなら食べられるかな?」と言うと・・・、

あら不思議。

あれだけひと口も食べるのを嫌がった子どもが全部食べてしまいます。

どうしてうまくいくの?

子どもは、出されたものは全部食べないといけない(食べさせられる)と思っているところがあり、嫌いなものはその見た目の量にまずうんざりしてしまい、最初から手もつけないようです。それが目の前で8割も減ったとなると、何だかとても少なくなったように見え、「これなら食べられるかも」と思い、がぜん食べる意欲が起こってくるわけです。「先生やさしいなあ」という感情も起こり、なんだかすべてがうれしくなって、嫌いなおかずなのに笑顔で食べてくれることもあります。食べず嫌いのおかずもこのやり方で食べさせたところ、思ったよりもおいしかったのか、減らした8割を「それも食べる」といって食べた子どももいます。

＜嫌いなおかずを食べないときは…＞

早く
食べてねー
おサカナ
きらい…

じゃあ これだけ
へらすね！
これなら
食べられそう！

目の前で8割減らしてあげると
全部食べるようになる。

ワンポイントアドバイス

減らす量は、子どものようすを見ながら次回は7割、その次は5割と徐々に減らしていけばよいでしょう。いつも全部は食べていないことになりますが、食べる量が増えることはよいことです。最後に全部食べられる日がきっとやってきます。

NGワード
なんだ、食べられるじゃないの。
だったら最初から食べなさい

牛乳が進まない子どもは、目の前で牛乳を飲んでみせ、背が高くなる「演技」をすると、その真似をして飲むようになる

牛乳嫌いの子どもはクラスに必ず何人かいます。なかなか進まず、最後までただじーっと座っているだけの子も・・・。そんなとき、毎日「飲め飲め」ではかわいそうですよね。同じ飲ませるなら楽しく飲ませたいもの。

そこで、先生が子どもの前に座り、「ほら大きくなるから見てて」と言いながら飲み、背筋を伸ばして座高をすーっと高くしていくと・・・、

あら不思議。

子どもはだまされていると思いながらもその楽しそうな雰囲気に負けて、ついひと口ふた口と飲んでいきます。

どうしてうまくいくの？

笑顔のある楽しい食事は胃腸の動きを活発にし、食べ物をおいしく感じさせる力があります。子どもの食が進まないとき、叱られながらでは余計に食欲が薄れます。そんなときは逆に楽しい雰囲気を作っていき、子どもを笑顔にしてこそ、子どもは嫌いなものでもチャレンジしてみようという意欲がわいてくるのです。「牛乳を飲むと大きくなる」ということを子どもは知っています。先生がそれを「実演」することで、そこになんとも言えないユーモアが生まれ、子どもは「まさかあ」と思いながらも（少しは信じて？）つい自分もやってみたくなり、嫌いなはずの牛乳もひと口くらいは飲んでみよう、となるようです。

<牛乳が進まない子どもには…>

やや猫背ぎみに座り、
座高をひくーくしておく。

このあと、子どもにも飲んで
みようと楽しげに誘うと、ひと
くちは飲んでみようとする。

ワンポイント アドバイス

日本人は、体質的に牛乳を受け付けない(胃腸がやられる)人が欧米人に比べて極端に多く、どうしても飲めない子どもには、無理強いしなくてもいい、という報告がお医者さまの学会でも言われています。カルシウムその他の栄養素は他の食品で十分に補え、無理に飲ませることによる弊害の方が恐ろしいという報告もあります。このページの方法も、あくまで「少しでも楽しく飲めるようになるために」が主旨のものです。

NGワード
とにかく飲みなさい!

交通安全、道路の四つ角は「とび出すな」ではなく、「とまれ」と教えると、子どもはとび出さなくなる

子どもの交通事故の原因のトップは「子どものとび出し」です。そこで大人たちは、子どもに「とび出さない」よう指導します。「とび出し禁止」「とび出すな、車は急にとまれない」などと書かれた看板も目につきます。でも、この数十年、子どものとび出しは後を絶ちません。なぜでしょう?・・・。

実は「とび出さない」という言葉は子どもに届き難い言葉なのです。子どもには「とび出すな」ではなく、「止まりなさい」と言っていくと・・・、

あら不思議。

子どもは四つ角ごとにちゃーんと止まるようになっていきます。

どうしてうまくいくの?

「とび出し」というのはドライバー側から見た言葉です。子どもはそのとき決して「とび出した」という意識はありません。子どもにとって「とび出す」とは、どこかからわざわざ何かがピョーンととび出るというイメージがあるのです。「道路にとび出すな」とは、要するに「四つ角では止まりなさい」ということです。そう言われると、子どももわかるのです。四つ角にはドライバー向けにはちゃーんと「止まれ」という標識があります。「とび出すな」とは書いていません。「止まれ」の方がわかりやすいからです。「四つ角では止まりなさい」。子どもにこそそう言えばいいのです。

＜交通安全、道路の四つ角は「とび出すな」ではなく…＞

子どもが持つ「とび出す」のイメージは…、

1、2、の3のタイミングか何かで文字通り「とび出す」こと。

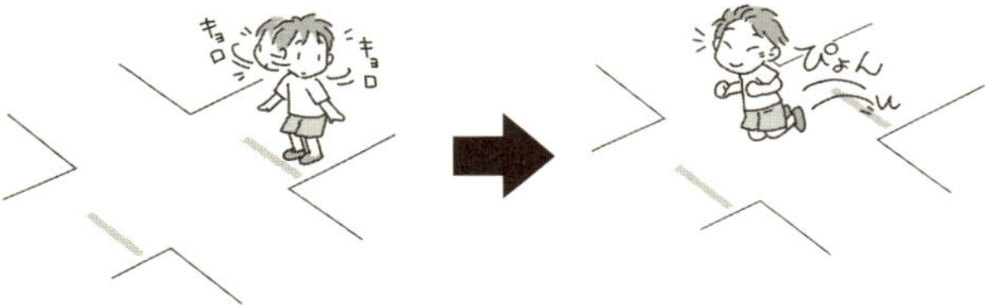

キョロ
キョロ
ぴょん

子どもには、道路に「とび出すな」と言わず「止まれ」と言っておくと、四つ角で止まるようになる。

大人（ドライバー）には「とび出すな」と言わず「止まれ」とわかりやすく言っている。
おっとっと止まるんだったな
止まれ

ワンポイントアドバイス

兵庫県警が作った、交通安全のいい歌があります。「ももたろう」の歌の節で、「とーび出すな、とび出すな、いったん止まって右ひだり、いったん止まって右ひだり」とうたうのです。四つ角で子どもがするべきことがわかりやすくうたわれています。子どもと散歩に行ったときなど、四つ角を通るたびにこの歌をうたうと、楽しく交通安全が身につきます。

NGワード
とび出したら
ダメでしょ

第3章 望ましい生活習慣が身につくようになる 11

お昼寝のお布団は、通路を作る敷き方をすると、子どもは布団を踏まなくなる

「お布団は踏んじゃあダメ!」、
「だあれ、お布団を踏むのは」
お昼寝タイムに毎日あちこちの保育園から聞こえて来る先生の声。何度言っても子どもはすぐに布団を踏んでしまいますよね。
でも、その間を子どもが通れるような、簡単な通路を作りながらお布団を並べていくと・・・、
あら不思議。
子どもは喜んで通路を通っていき、布団を踏んで歩いていくことがうんと減っていきます。

どうしてうまくいくの?

お昼寝の布団の敷き方を見ていると、保育室の中にぎっしりと並べて敷いていることが多く、これでは人の布団を踏まずに自分の布団にたどり着くのは大人でも不可能です。
そこで、2列おきに通路があるような敷き方をすると、どの子どもも布団を一切踏まずに自分の布団にたどり着くことができる上、全体がちょっとした迷路のような感じになって、楽しく自分の布団まで行くようになります。子どもは細い通路があると自然にそこを通って行く習性があります。その習性を利用するわけです。その上で改めてお布団は踏まないようにするということを指導するといいでしょう。

<お昼寝の布団は、ついギッシリと敷いていることが多い>

ないも同然の
狭い通路。
これじゃ
踏むなという方が
ムリ……!

先生が座るスペースにもなり、
トントンしやすくなる
田の字に通路を作るだけでも
ずいぶん踏まなくなる。
壁からも少
し離すよう
にする。
ぼくのおフトンは
あそこを曲がって…
感覚は50cm
ぐらいで十分。
ここだ！
ここだ！
みんなおフトンを
踏まなくなったわ!

ワンポイントアドバイス

子どもたちが自分で布団を敷くようにしているクラスは、子どもに通路のことまで考えて敷かせるのは難しいかもしれません。そういうときは、最初の2、3日だけは先生がいっしょに敷いて通路を作り、その意味を楽しく教えてあげると、子どもはすぐにその形を覚えます。覚えてしまったらもう何も言わなくても上手に敷くようになります。

NGワード
どうして踏むの!

お昼寝のとき、静かにしている子どもの名前を呼んでいくと、みるみるうちにみんな静かになる

お昼寝タイムは、1日のうちでも子どもたちがもっとも騒がしくなってしまう時間です。「静かに寝なさい!」「あらあ、◎◎ちゃん、まだおしゃべりしてる」「△ちゃんは、いつまで暴れてるの!」・・・毎日怒らないといけない先生もうんざりですよね。

でも、起きている子どもの名前を呼んで叱っていくのではなく、反対に、寝ている子ども、静かにしている子どもの名前を呼んでほめていくと・・・、

あら不思議。

みるみるうちにみーんな静かになっていきます。

どうしてうまくいくの?

子どもたちはほめてもらうことが大好きです。ほめてもらうことに飢えているといってもいいでしょう。静かにしている友達の名前が呼ばれていくと、子どもはそれがうらやましくて仕方がなく、自分も名前を呼んでほしくなって、自分から静かにしていく・・・というわけです。子どもをお互い気持ちよく動かそうと思えば、やはり叱るのではなくほめるが一番です。全体が静かになったところで、改めて全員をほめ、「じゃあこのまま静かに寝ようね」と言うと、子どもたちはやがてそのまま眠りに入っていきます。

<お昼寝のとき、静かにしている子どもの名前を呼んでいくと…>

お昼寝のとき、みんなおしゃべりして、騒々しいときは、
つい騒いでいる子どもの名前を呼んでしまいがち。

○○ちゃん!!
早く寝なさい!!

でも静かにしている子ども、眠った子どもの名前を
呼んでいくと、みるみるうちにみんな静かに…。

先生寝たよ～
早くよんで～
ワタシの名前も
呼んでくれるかなぁ
あっ!○○ちゃんが
寝ました。
あっ!△△くんも
静かになりました。

ワンポイントアドバイス

子どもは自分もほめてもらおうと静かになっていくわけですが、とにかく本当に静かになった子どもは残らず名前を呼んであげるのがポイントです。動機はどうであれ、自主的に静かにしたことは十分にほめるに値することです。それでほとんど全員が静かになるので、結局毎日全員の名前を呼ぶことになりますが、名前を呼ばれるというのは子どもにとってはとてもうれしいことのようです。

NGワード
誰ですか!
起きているのは!

お昼寝は、毎日決まった曲をかけるようにしておくと、その曲がかかると静かに眠るようになる

静かにしないといけないお昼寝タイムなのに、子どもたちは起きているときよりも騒がしかったり、なかなか眠ってくれなかったり・・・。毎日のことなのでイヤになってしまいますよね。

そんなときは、みんなで「おやすみなさい」をした後、おやすみクラシックなど、毎日決まった曲(テープなど)をかけるようにすると・・・、

あら不思議。

その曲をかけるだけで眠りに入っていく子どもが増えていきます。

どうしてうまくいくの？

かける曲はおやすみのクラシックなど、それ用に編成されたCDやテープにします。それらの曲には人の心を落ち着かせ、眠くさせる力があるそうです。かけるだけで穏やかな雰囲気が部屋の中に流れ、ぺちゃくちゃしゃべる空気が取り除かれます。また、子どもは音楽が鳴ると、それを聴きたいという心理が働くので、「静かにしなさい」だけでは効果のなかった子どもたちも、「音楽が聞こえるよう静かにしましょう」と言うだけで、静かになります。静かになったら「そのまま静かに聴いていてね」と言うといいでしょう。そうやって毎日同じ曲(テープ)をかけておくと、子どもは「これは寝るときの曲」と条件反射的に勝手に眠くなっていくようです。

<騒がしくなるお昼寝は…>

静かに
寝なさーい

おやすみのクラシックなど、毎日決まった曲をかけておくと…
落ちついた空気が流れ、子どもも条件反射的に眠るようになる。

はい
おやすみなさーい
Z

ボリュームは小さめに鳴らす。

ワンポイントアドバイス

かける曲は子ども向きのものならいいだろうと、アニメ集や童謡集をかけると、けたたましい曲が入っていたり、ついいっしょにうたったりしてしまい、かえって子どもを興奮させます。やはり軽いクラシック系が一番お薦めです。

NGワード
いつまで
起きているの!

14 子どもをお昼寝から起こすとき、「コーケコッコー！ あーさでーすよー！」と、元気よく楽しそうにニワトリのものまねをして起こすと、子どもは機嫌よく目覚める

クラスに30人も35人もいるときは、子ども一人ひとりに対しててていねいな起こし方はしたくてもなかなかできないものです。でも、子どもたちにはできるだけ気持ちよく目覚めさせてあげたいもの。そういうときは、先生が元気よく「コーケコッコー、あーさでーすよー」と、ニワトリのものまねをすると･･･、

あら不思議。

子どもたちは次々と、しかも笑顔で起きてきます。

どうしてうまくいくの？

寝ているときでも、人は聞き慣れない異様な音や声には敏感に反応するそうです。起こすとき、毎日大きな声で「みんなー、起きなさーい！」と言ってもなかなか目覚めないのは、それがいつもの聞きなれた先生の声だから。そこへまさにニワトリのようなおもしろい声おもしろい言い方で子どもを起こすと、子どもは即座に反応し、脳も覚醒するというわけです。ガバっと起きて笑顔で「だれだー」「うるさーい」と言ったりする子どもも出てきます。そのとき「ニワトリさんですよー」「ちがうよー、せんせいだー」、そんなやりとりをすると、その楽しそうな気配に他の子も次々と起きてきます。子どもは楽しそうなことには自分もその中に入りたいと思うのです。先生の楽しさおもしろさも感じることができ、子どもの親近感もグーンとアップしていきます。

＜子どもを起こすとき、先生が元気よくニワトリのものまねをすると…＞

コケコッコー♪
あーさでーすよー

こんどはワンちゃんが
起こしに来ましたよ〜♪
ワン・ワン・ワン！
うそだーい
先生だ
先生だ〜♪

あっという間に子どもの脳は、覚醒状態になり、いつのまにか機嫌よく目覚めている。

ワンポイントアドバイス

「コケコッコー」のあとは「ワンワンワン、あさですよー、あっ、ワンちゃんも来た!」「きてないよー」。「ニャオニャオニャオ、あっ、ねこちゃんも来たよ」「きてないってばあ」…そんな楽しいやり取りをするうちに、いつの間にか全員が機嫌よく起きていることも。

NGワード

いつまで寝ているの!

「そこに《快》の気持ちを伴わせる」

ごあいさつ、お片づけ、トイレ、着替え・・・、子どもたちに身につけさせたい生活習慣はたくさんあります。それらを身につけさせようと、大人は毎日四苦八苦しています。でも、四苦八苦している割には、ただ叱っているだけ、という場合が案外とても多いものです。子どもに文句を言うだけで、肝心の指導がなされていないことが多いのです。

「どうしてそんなことをするの!」、「いつまでやっているの!」。これは叱っているのではなく、単に「文句」や「苦情」を言っているだけです。「静かにできないなら◎◎組に行ってもらおう」、「言うことをきかないならこわい△△先生に来てもらおう」。これもただ「それがいやなら言うことをききなさい」と脅しているだけで、指導ではありません。それで子どもは動くかもしれませんが、そのとき一回限りのことです。その行動は決して定着しません。

子どもを喜んで動かし、その行動を定着させていくには、その行動をする際に「快」の気持ちを伴わせることです。子どもの「快」の気持ちとは、「うれしさ」「楽しさ」「おもしろさ」「安心感」です。教えるとき、指導するときに、子どもの心の中にその中のひとつでも起こるようにすると、子どもはがぜんやる気になります。自分から、もう言われなくてもするときだってあります。

では具体的にはどうすればそうすることができるか、ということがこの章の中に書かれています。紙面の都合上、特定の場面や状況におけることしか書かれていませんが、第3章すべてを読んでいただければ、子どもの心の中に「快」の気持ちを起こしながら子どもを動かす、指導する、ということがどういうことかわかっていただけるかと思います。それさえわかれば、ここに書かれている場面だけでなく、他のあらゆる場面でも応用できることにも気づかれたことと思います。

ポイントは「ほめながら行なう」ことと「楽しさを伴わせる」ということ。よく、「子どもはほめすぎてはいけない」などと言われますが、ほめ下手の私たち日本人は,ほめすぎに注意しなければならないほど子どもをほめてはいないものです。ほめることを意識してちょうどいいくらいです。

ほめると言っても、「食べられたね」など、単に子どもを認めるような、実にたわいない言葉でいいのです。子どもはほめられても決していい気になったり、天狗になったりしません。むしろやる気を起こします。それは大人でも同じです。人がいちばん飢えているのがほめ言葉ならば、人を動かすことができるのもほめ言葉ではないでしょうか。

子どもをほめるのに、時間も労力もお金も必要ありません。

愛情さえあればだれでもできるのです。

<著 者>
原 坂 一 郎（はらさか　いちろう）

元保育士、保育・子育てアドバイザー
1956年神戸に生まれる
関西大学社会学部を卒業後、独学で保育士資格（当時は保母資格）を取得。当時珍しい男性保育士となり、2004年までの23年間、神戸市立保育所に勤務。
笑いのある楽しい保育をモットーにしながら特技のピアノ・運動・絵を生かしたそのユニークな保育で、マスコミからは「スーパー保育士」と呼ばれていた。
現在
(株)KANSAIこども研究所所長（078・881・0152）
日本笑い学会理事
関西国際大学教育学部講師

著書『男の子のしつけに困ったら読む本』（すばる舎）
『子どもがこっちを向く「ことばがけ」』（ひかりのくに）など

ひかりのくに保育ポケット新書①
子どもがこっちを向く指導法
～日常の保育がうまくいく45のヒント～

2006年8月　初版発行
2017年7月　30版発行
著　者　原坂一郎
発行人　岡本　功
発行所　ひかりのくに株式会社
〒543-0001 大阪市天王寺区上本町3-2-14 郵便振替00920-2-118855 TEL.06-6768-1155
〒175-0082 東京都板橋区高島平6-1-1 郵便振替00150-0-30666 TEL.03-3979-3112
ホームページアドレス　http://www.hikarinokuni.co.jp

印刷所　図書印刷株式会社

Printed in Japan
ISBN978-4-564-60731-8
NDC376 112P 17×10cm